ビジネス
スクール
企業分析

ゼロからわかる

価値創造の
戦略と財務

早稲田大学 ビジネススクール教授

西山 茂 編著

日経BP

はじめに

　本書は、日本企業に求められている企業価値の向上策について検討・整理したものです。PBR（株価純資産倍率）の高い日本企業に注目し、持続的な業績の拡大を通じた企業価値向上のポイントをまとめています。

　まず序章でPBRの意味、またそれを高めるための方策についてまとめた上で、PBRが高く、持続的に業績を高めている日本企業を6社取り上げます。高PBRを実現し、それを維持している背景について、事業分野の選択をはじめとする全社戦略、競争優位を実現する事業戦略やビジネスモデル、経営管理体制やガバナンスの仕組みといった観点から包括的に分析しています。

　本書は、私の所属している早稲田大学ビジネススクールのゼミ修了生6人（伊尾喜美希、石地由賀、室田昌宏、笠岡温史、前綾香、福岡勝滋）と共同で執筆したものです。ゼミでは、財務や会計をベースに、環境分析なども含めた企業の分析や今後のあるべき方向性について、数多くの企業を題材に議論してきました。その成果をもとに、強い会社・成長を持続する会社の分析を試みました。

　取り上げた6社は、競争力の強化に中長期的に取り組み、近年の経営環境変化に対応した改革にも手を打っています。その状況を最新の決算期の業績まで追いかけました。

　PBRの高さだけで企業のすべてを評価できるわけではありませんが、それをベースにした本書の分析が、日本企業の今後の向かうべき方向性のヒントとなれば幸いです。

西山茂

目次

─ 第1部　資本効率の向上 ─

第1章

味の素

アミノ酸から生まれた半導体材料が高収益化

無形資産投資　×　事業ポートフォリオ変革

利益貢献度の高いセグメントが成長

時価総額は食品業界のナンバーワン

無形資産投資のポイント①

アミノ酸を基点とした研究開発

> 知財・無形資産の重要性の高まり

事業ポートフォリオ変革のポイント①

4つの成長領域を設定。非連続成長も目指す

事業ポートフォリオ変革のポイント②

ROIC目標を掲げて各セグメントを強化

無形資産投資のポイント②

「組織」「人財」「技術」「顧客」を重要と位置付け

> 人的資本経営

バランスの取れた財務戦略

コーポレートガバナンス体制の強化

第 **2** 章

ユニ・チャーム

勝ちパターンを磨き「企業成長の法則」を打ち破る

コア製品の高付加価値化 × 横展開

コスト上昇を価格転嫁でカバーし業績は過去最高

株式市場の評価は花王やライオンを引き離す

「成熟期」に入っているのに成長を持続

キャッシュフローと企業ステージ

しっかり稼ぎ、効率よく投資

営業利益率はライバルの約3倍

横展開のポイント①

「本業多角化、専業国際化」で世界中の収益機会を得る

横展開のポイント②

ノンコア事業を売却して不織布・吸収体関連に集中

高付加価値化のポイント①

所得が上昇する国々への展開で価格競争を回避

高付加価値化のポイント②

海外展開における勝ちパターン

盤石な財務安定性

23期連続増配を達成した株主還元の安定継続

配当金と自己株式取得が株価に与える影響

─ 第2部　ビジネスモデルの創造 ─

第3章
神戸物産
「業務スーパー」という独自モデルで圧倒的パフォーマンス
独自ポジショニング　×　スケーリング

― 第**3**部　成長の限界の突破 ―

第**5**章
オリエンタルランド
ディズニー長者を生んだ「期待を裏切らない持続的成長」

驚異のリピーター集客　×　万全のレジリエンス

時価総額もPBRも日本企業でトップクラス
> 米ディズニーは世界最大のライセンサー

単一事業依存リスクをものともしない株価上昇

財務体質は盤石、キャッシュは潤沢
> USJとの比較で分かるTDRの特徴①

驚異のリピーター集客のポイント①
「感動体験」への継続的な投資

驚異のリピーター集客のポイント②
満足度の向上と客単価の引き上げ
> USJとの比較で分かるTDRの特徴②

驚異のリピーター集客のポイント③
人的資本の充実

万全のレジリエンスのポイント
「夢の国」を守るリスクファイナンス

序 章

PBRから考える
企業価値の向上

PBRの意味と中身

高PBR＝株主から預かった資金で期待以上の成果

　日本企業のPBRの低さが話題になっています。Yahoo!ファイナンスのデータによると、2024年4月26日時点で東証プライム上場企業のPBRの平均は1.42です。これは、約1年前の約1.2と比較すると改善していますが、同時点の米国S&P500のPBRの平均値4.56と比較すると、まだ低い水準です。

　また、PBRが1を下回っている企業の数も、同時点で、東証プライム上場企業1647社のうち669社（約40.6%）と、かなり多くなっています。これも、約1年前の約50%と比較すると改善しているものの、米国ではS&P500に含まれる約500社のうちPBRが1を下回る企業がわずか14社（2.8%）であり、日本ではPBRが低い企業が多いといえます。

　このような状況は、何を意味しているのでしょうか。また、日本企業はどのように対応すればいいのでしょう？

図表0-1 PBRの国際比較（2022年7月1日時点）

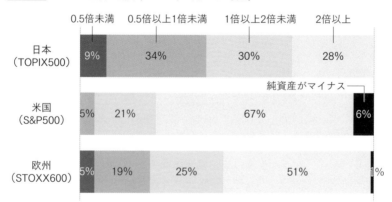

出典：東京証券取引所資料、Bloombergから取得したデータを東証で加工、データが得られる企業のみ抽出

PBRとは、Price Book Value Ratioの頭文字です。日本語では、株価純資産倍率と呼ばれています。株価（Price）が1株当たりの簿価純資産（Book Value）の何倍の比率（Ratio）となっているのかを評価する比率です。企業全体として考えると、株価に株数を掛け合わせた株主の実際の権利の価値を意味する時価総額が、貸借対照表に記載されている株主の権利の価値を意味する純資産の金額、つまり簿価純資産の何倍になっているかを表す比率です。

PBR ＝ 株価 ÷ 1株当たり簿価純資産
　　 ＝ 時価総額 ÷ 簿価純資産

　このPBRが高いことは、貸借対照表の純資産よりも時価総額が高く、増資や儲け（内部留保）によって積み上げてきた簿価純資産に比べて、株主が証券市場において評価した企業価値である株主価値、つまり時価総額が高くなっていることを意味しています。
　言い換えると、PBRが高い企業は、株主から預かっている資金を、上手に使い、また今後も使えそうだということで、証券市場において株主から高い評価を受けていることを意味しているといえます。
　また、貸借対照表の資産や負債が実際の価値を表しているとした場合、簿価純資産は、現時点で資産をすべて処分し、負債を全額支払った後に残る、企業を解散した場合の価値を意味しています。
　そうすると、PBRが1を上回っている企業は、時価総額が解散価値を意味する簿価純資産を上回っており、株主から預かった資金を、企業を解散した場合の価値に比較してかなり上回る水準まで価値を高められる、という評価を受けていることになります。
　逆に、PBRが1を下回る企業は、株主から預かった資金を、企業を解散した場合よりも低い水準にまで価値を低下させてしまう、という評価を受けていることになります。このような場合は、今後の事業展開などをしっかりと考えていくことが必要です。

財務諸表に表れない無形資産

　PBRが1を上回っている企業は、貸借対照表と時価総額が図表0-2のような関係になっています。この図で時価総額が純資産を上回っている部分が、資産として表れない、さまざまな無形資産の価値を表していると考えることもできます。この無形資産の価値を高めていくことが、PBRの向上にもつながります。

図表0-2 純資産と時価総額の関係

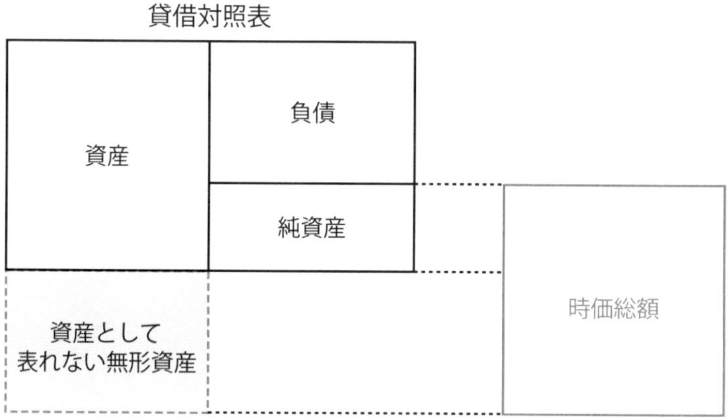

貸借対照表

資産	負債
	純資産

資産として
表れない無形資産

時価総額

　無形資産とは、企業の持つ特許やブランド、技術力、営業力、また組織や従業員の能力やノウハウ、さらにさまざまな経験などです。それらは企業の競争力につながる重要なファクターであり、ビジネスモデルや勝ちパターンを機能させるカギになっていることが多いのです。

　無形資産の価値は、企業間で売買される際に評価されることによって、財務諸表上に記載されます。他社から特許権を買い取った場合や、M&Aにおいて無形の価値を評価することで発生する「のれん」を計上する場合などです。のれんとは、買収される企業の純資産を買収価格が上回った金額です。

　しかし、特許権の売買やM&Aを行わない場合は、無形資産の価値は

ほとんど財務諸表に計上されることはありません。つまり、自社内で開発した特許、自社で育てたブランド、自社の組織や従業員が培ってきた能力やノウハウなどは、基本的に財務諸表に載らないのです。

　そうした「財務諸表に表れない無形資産」が、企業の競争力を支え、収益力を高めているという評価を受けて株価が上昇すると、時価総額は純資産を大きく上回るようになります。それがPBRの高い状態と考えることもできるでしょう。

PBRを「ROE × PER」に分解する

　PBRを詳しく見ていくために、2つに分解してみましょう。PBRは、PER（Price Earning Ratio：株価利益倍率）とROE（Return on Equity：自己資本利益率）の2つの数値の掛け算に分解することができます。

```
PBR ＝ 株価 ÷ 1株当たり純資産
    ＝（株価 ÷ 1株当たり利益）×（1株当たり利益 ÷
        1株当たり純資産）
    ＝ PER（株価収益率）× ROE（自己資本利益率）
```

　これからわかるように、PBRは1株当たり当期純利益に対して、株価がどの程度高くなっているのかを表すPERと、株主から見た投資収益率を表すROEとを掛け合わせたものです。つまり、PBRが高い企業は、PERとROEの両方、あるいはそのいずれかが高いことになります。

　では、PBRの構成要素であるPERとROEについて、その意味を確認してみましょう。

　まず、PERは、1株当たりの利益に対して、株価が何倍になっているかを意味する比率です。2024年4月26日時点で、東証プライム市場のPERの平均は、直前決算期の実績利益ベースで18.58倍、予想利益ベースでは16.40倍と、16倍から19倍の水準となっています。

　PERが高いことは、利益に比べて株価がかなり高くなっていることを意味しており、今後の利益の成長を先取りして株価が高くなっている、

つまり将来的に利益が拡大すると評価されているということができます。また、将来的な利益の見通しが不安定な場合は株価もあまり上がらないと考えられるので、PERが高いということは利益が安定して拡大すると評価されているということもできます。つまり、PERが高い企業は、今後、持続的に成長が期待できる、と評価されている企業ということができます。

　次に、ROEは、株主が企業に投資している金額である自己資本（ほぼ純資産、詳しくは後述）に対して、株主にとっての儲けを意味する当期純利益（厳密には「親会社株主に帰属する当期純利益、後述」）をどの程度生み出せているのかを計算した比率です。言い換えると、株主から見た投資収益率を評価する指標です。

　このROEが高い場合は、株主から見たときの投資収益率が高い企業であることを意味しています。日本の大手上場企業の平均は、ラッセル野村Large Cap 採用銘柄300社の2023年度の平均値のデータによると、9.8%となっています。

ROEをデュポンシステムで分解する

　なお、ROEの分析では、以下のように、３つの数字の掛け算に分解する方法がよく使われています。この分解式は、米国の化学会社のデュポン社が初めて採用したということで、デュポンシステム、デュポンフォーミュラ（デュポン計算式）と呼ばれています。

ROE ＝ 当期純利益 ÷ 自己資本
　　＝（当期純利益 ÷ 売上高）×（売上高 ÷ 総資産）×
　　　（総資産 ÷ 自己資本）
　　＝ 売上高当期純利益率 × 総資産回転率 × 財務レバレッジ

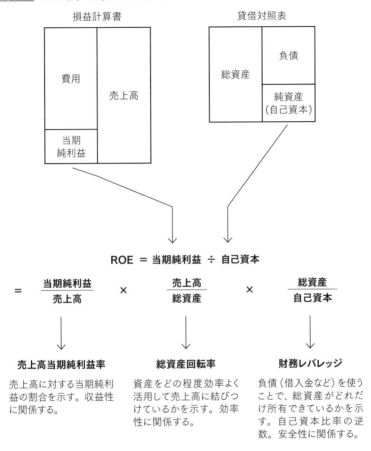

図表0-3 ROEとデュポンシステム

損益計算書

貸借対照表

ROE ＝ 当期純利益 ÷ 自己資本

$$= \frac{当期純利益}{売上高} \times \frac{売上高}{総資産} \times \frac{総資産}{自己資本}$$

売上高当期純利益率

売上高に対する当期純利益の割合を示す。収益性に関係する。

総資産回転率

資産をどの程度効率よく活用して売上高に結びつけているかを示す。効率性に関係する。

財務レバレッジ

負債（借入金など）を使うことで、総資産がどれだけ所有できているかを示す。自己資本比率の逆数。安全性に関係する。

出典：西山茂（2018）『ビジネススクールで教えている会計思考77の常識』日経BP

　これを見るとわかるように、ROEは売上高当期純利益率、総資産回転率、財務レバレッジの3つの比率の水準によって決まります。

　売上高当期純利益率は、売上高に対する利益率、つまり利益率の高さを示す収益力を意味します。

　総資産回転率は、資産に対する売上高の大きさ、つまり資産を効率よく使って売上高につなげているかを示す効率性を意味します。

　　財務レバレッジは、自己資本に対する総資産の比率です。つまり自己資本に対して総資産がどの程度大きくなっているか、つまり借入を中心とした負債をどの程度活用しているかをもとにした安全性を意味するものです。

　　この3つの指標のうち、売上高当期純利益率と資産回転率の2つはイメージしやすいと思うので、財務レバレッジについて、簡単に解説しましょう。

　　財務レバレッジ（総資産÷自己資本）は、負債が多いかどうか、中でも借入金や社債をはじめとする外部から借りた資金が多いかどうかと関係があります。通常、借りた資金が多い場合は財務レバレッジが高くなり、借りた資金が少ない場合は財務レバレッジが低くなります。

　　レバレッジという言葉はレバー、つまり「てこ」からきており、レバレッジは「てこの原理」「てこの作用」を意味します。

　　ROEは、株主から見た投資収益率を意味する指標です。株主の立場から考えると、借りた資金を使って事業を行う状態は、「てこの原理」を使って儲けを増やそうとしているように見えるので、借りた資金が多いかどうかにつながる比率のことを財務レバレッジと呼んでいます。

　　財務レバレッジを高めると、デュポンシステムからもわかるように、理論上ROEは高くなっていく可能性が高いといえます。つまり、借りた資金を増やせば増やすほど、基本的にROEは高くなっていくのです。

PBRを高める方策

　　それでは、PBRを高めるためにはどうしたら良いのでしょうか。前述したようにPBRはPERとROEに分解できるので、その2つをもとに考えていきましょう。

利益やキャッシュフローの成長性を高める

　　まずPERを高めるためには、利益に対する株価の水準を高めることが必要です。そのためには利益やキャッシュフローの成長性を持続的に

高めていくことが重要です。具体的には、既存事業、既存地域での成長性を高めると同時に、成長につながる新しい事業分野や新しい地域の開拓などもポイントになります。また、その中で成長性のある事業分野を取り込んでいくことも重要です。

ROEを高める

　次にROEを高めていくための具体策を考えてみましょう。前述のデュポンシステムをもとにすると、ROEは売上高当期純利益率、総資産回転率、財務レバレッジの３つに分解できます。ROEを高めていくためには、これら３つをそれぞれ高めていくことが必要です。

適切な値付け、規模の経済性、効率アップで利益率を高める

　まずは、当期純利益率の向上です。これは、売上高とコストに関係します。価格を適切なレベルに設定して安易な値引きを避けること、製品・商品の利益をベースにしたベストミックスを考えること、規模の経済性が働く事業ではある程度の規模まで売上高の拡大を図ること、集中購買によって原材料や部品のコストを下げること、販売管理費を効果を

図表0-4 **目指すべきPL（損益計算書）**

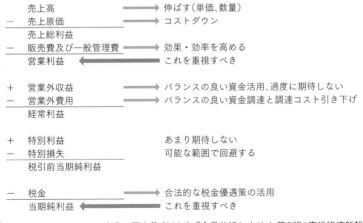

出典：西山茂（2006）『企業分析シナリオ 第2版』東洋経済新報社

高めるコストと効率を考えるコストに区分して適切に活用すること、などが考えられます。さらに、高コストにつながる過度な多品種少量生産を止めること、また、コストを下げるために一部の業務の標準化を進めることなども効果があります。

在庫圧縮やビジネスモデル改善で資産効率を高める

　次は総資産回転率の向上です。これは、アセットライト、つまり資産をあまり持たずに一定の売上高を確保することを考えることです。部品の共通化やリードタイムの短縮、売れ行きに応じた適切な仕入れなどによる在庫の圧縮、回収条件の交渉や前受金の活用をはじめとする売掛金の回収の早期化といった運転資本の圧縮策が考えられます。

　また、有形固定資産の投資を効率よく行うこと、またその稼働率を高めること、のれんをはじめとする無形固定資産をできるだけ事業の成果に結びつけることなども考えられます。

　さらに、外部企業と連携することで、事業の競争優位に関連するものだけを保有して、基本的には持たない経営という方針の中で、資産を圧縮していくことも1つの選択肢と考えられます。

図表0-5 目指すべきBS（貸借対照表）

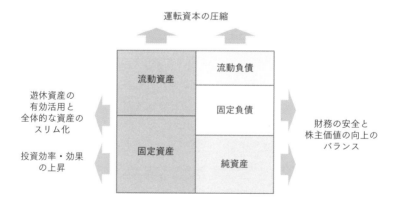

出典：西山茂（2006）『企業分析シナリオ 第2版』東洋経済新報社

低コストの資金を取り入れる

　最後に、財務レバレッジの向上も考えられます。

　もちろん、財務レバレッジを高くしてROEを高めようとすると、財務的に弱くなってしまうことには注意が必要です。財務レバレッジ（総資産÷自己資本）の逆数は、返済の必要がない株主からの資金が調達した資金のどの程度を占めているのかを意味し、財務的な安全性を象徴する比率の1つでもある自己資本比率（自己資本÷総資産）となります。つまり財務レバレッジが高くなることは、自己資本比率が低くなることにつながり、財務的な安全性が低くなることを意味します。

　かといって、借金を減らして無借金経営を目指すのが理想的かというと、そうとも言えません。借入金や社債などによる外部からの資金調達は、株主から提供される資金よりコストが安いというメリットがあるからです。

　株主が求めてくる儲けは、配当と株価の上昇分の合計です。配当を支払い、株主が求めているような株価の上昇を達成するためには、配当や株価の上昇のベースとなる儲け、つまり当期純利益を、株主が期待、要求しているレベルまで確保する必要があります。この株主が期待、要求している儲け、つまり当期純利益を上げることが、株主から資金を出してもらうときのコストと考えられます。

　ただ、この配当や株価の上昇からなる株主にとっての儲けは、企業の業績などでかなり変化してしまう可能性があります。具体的には、業績が悪化すれば株主は配当などの株主還元を受けられず、株価も上昇しないこともあり得るのです。

　そのため、株主が求めている儲けは、それが変動する可能性がある、つまりリスクがあることに見合う、かなり大きいものになります。さらに、その大きな儲けを生み出さなければ、株主は株を売ってしまい、株価が下がってしまう可能性も出てきます。

　結果として、企業が継続して株価を維持し、さらに高めていくためには、株主の期待、要求に見合うかなり高い水準の儲けを上げ続け、株主に継続して投資をしてもらう必要があります。

　つまり、株主から資金を集めると、株主から高めの儲けを期待され、その高めの儲けを確保しなければいけないという意味で、株主から集めた資金のコストは高くなります。

図表0-6 株主の取り分は最後

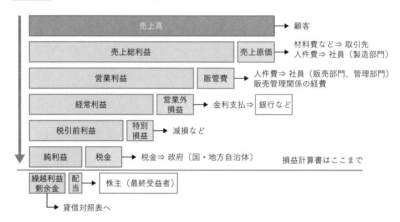

出典：西山茂（2018）『ビジネススクールで教えている会計思考77の常識』日経BP

　これに対して、借入金などには節税メリットもあります。具体的には、借り入れた資金に対しては金利を支払う必要があり、これが税金の計算の中で費用として差し引かれるからです。利払いの分だけ企業の儲けが減り、節税ができるのです。このように考えると、コストが低い借入金や社債をある程度使っていくことが望ましいことになります。

最適資本構成を目指す

　ただし、財務レバレッジは適度な範囲であれば高めることは問題ありませんが、ある一定水準以上に高めることは、あまり望ましくありません。業種による違いもありますが、一般的に自己資本比率が30〜40%程度の場合が多いことから考えると、その逆数である財務レバレッジは、333%（100%÷30%）〜250%（100%÷40%）、つまり300%前後というのが1つの基準と考えられます。

このように、金利を支払うことで利益を減らし、その節税によって
キャッシュを残すという借り入れのメリットを考えると、節税効果と財
務的な安全性のバランスが取れるような、適切な借り入れのレベルを目
指すことが望ましいということになります。この適切な借入のレベルの
ことを、借りた資金と株主からの資金の最適な構成比率、という意味で
最適資本構成と呼んでいます。

図表0-7 最適資本構成のイメージ

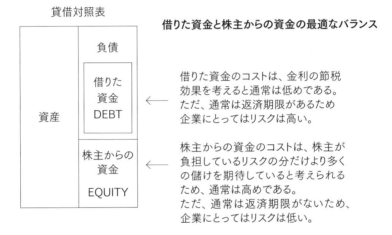

出典：西山茂（2018）『ビジネススクールで教えている会計思考77の常識』日経BP

　以上のように考えると、ROEの向上を目指す場合は、財務レバレッ
ジにはあまり比重を置かずに、基本的には最初の2つの比率、つまり売
上高当期純利益率と総資産回転率の上昇を中心に考えることが重要にな
りそうです。

ROEの水準と資本コスト

株主が要求する儲け

　では、ROEはどの程度あればいいのでしょうか。日本の大手企業のROEの平均は、2023年度の段階で、おおむね10％程度です。一方で、米国のROEの平均は、S&P500のROE時系列データによると、2024年3月時点で16.8％と日本企業の平均よりもかなり高くなっています。

図表0-8 ROEの国際比較（2022年7月1日時点）

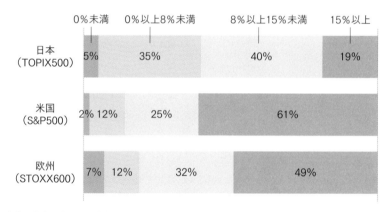

出典：東京証券取引所資料、Bloombergから取得したデータを東証で加工、データが得られる企業のみ抽出

　日本では、2014年に発表された伊藤レポートの中で、8％を上回るROEが最低ラインであり、より高い水準を目指すべき、といった提言が出たこと、また、株主総会の議案の助言会社であるISSが、2014年に経営トップの選任案件に対するROEの基準、つまり過去5年間のROEの平均が5％を下回る経営トップの選任案件に対しては反対を推奨する、という基準を設定したことから、最低5％、通常は8％以上を達成する必要があることを意識し、このところ10％程度を目標とする企業

が比較的多くなっています。

　ただ、伊藤レポートの中で、ROEの水準は個々に違いがあると指摘されているように、本来ROEのレベルは、業界や企業の状況、そのリスク、つまり不確実性に応じて違いがあってしかるべきものです。その面からは、リスクも考慮した上で株主が企業に対して期待、要求している儲けの水準を意味する株主からの資金の資本コストが、その水準のベースになると考えられます。

　ROEは、前述のように財務諸表上の数字をもとに、株主から見た結果としての投資収益率を計算したものです。ただ、その計算結果については、他の企業と比較して高い低いといった評価はできるものの、その結果だけでは、その企業として十分な水準かどうか明確ではありません。また、前述のように、一般的には10％程度以上の水準が求められていると考えられますが、企業のリスクなどの状況に応じて求められる水準に違いがあると考えられます。

　それでは、各企業が目指すべき水準は何をベースに考えたらよいのでしょうか。その１つの基準として考えられるのが、ROEの分母の自己資本を提供している株主が、どの程度の儲けを期待しているのか、という株主資本コストです。

　つまり、ROEが株主からの資本コストを上回っている場合は、株主の期待収益率を上回る投資収益率が確保できていることになるので、株主から見た価値は高まり、結果として時価総額、さらに企業価値が高まっていくと考えられます。一方で、ROEが株主資本コストを下回っている場合は、株主の期待収益率を下回る投資収益率しか確保できていないので、株主から見た価値は低下し、結果として時価総額、さらに企業価値は低下すると考えられます。

　つまりROEは、株主の期待収益率である株主資本コストと比較することで、その水準が十分かどうかが確認でき、さらにその水準が企業価値の向上につながっているのかどうかが確認できるのです。

CAPMの計算

　株主資本コストは、通常はCAPMという理論モデルを使って計算されます。CAPMでは以下のような計算式をもとに株主の期待収益率を計算していきます。

Rf + β × (Rm − Rf)

　Rfは誰でも確実に獲得できる金利を意味するリスクフリーレートであり、通常は国債の金利などが使われます。βは個別の企業特有のリスクを表すものです。Rmは株式市場全体の長期間における年平均収益率です。これが長期間における国債金利の平均をどの程度上回っているかを計算したものが（Rm-Rf）であり、これをマーケットリスクプレミアムと呼んでいます。この3つの数値によって、金利とリスクをもとに、株主の個々の企業に対する期待収益率を計算していくのです。

　もう少し丁寧に説明しましょう。株主からの資本コストがRf（リスクフリーレート）を出発点にしているのは、株式に投資をする投資家は、最低ラインの儲けとして、誰でも確実に儲けることができる儲け＝国債金利程度の儲けを期待（要求）することをベースにしています。

　β ×（Rm − Rf）は、株式投資をする場合は、リスクを取って投資をすることになるので、リスクに見合う分だけ株主が追加で儲けたいと期待し要求してくる部分です。これは、株式市場全体としてリスクに見合う追加の儲けを期待する部分であるマーケットリスクプレミアム（Rm − Rf）と、個々の企業のリスクの大きさを調整するβの掛け算で計算されます。βは、個々の企業の株価のブレの大きさを株式市場の全体のブレと比較して計算されます。

　このうち、マーケットリスクプレミアムは、過去の長期間における国債金利の年ベースでの平均の率であるRfと、過去の長期間における株式投資の儲け（すべての株式からの配当と株価の上昇を含めた、基準とする株式市場全体の実質的な年ベースでの儲け）の年ベースの平均の率であるRmとの差額で計算されます。つまり、過去の長期間で見た場

合、誰でも確実に儲けられる国債金利の平均の率に比較して、リスクを取って株式に投資をした場合、どの程度追加の上回る儲け（比率）が出たのかを計算したものです。

　ただ、リスクプレミアムは個々の企業によって違う可能性があります。そこで、個々の企業によるリスクの違いを反映しているものがβです。βは、プロの投資家が中心となって株式の売り買いがされているのであれば、株価のブレに企業のリスクの度合いが反映されるはずだという理論をもとに、株式市場全体の株価のブレと個々の企業の株価のブレの大きさの関係からリスクを測定したものです。

　具体的には、βは1が基準になっており、その数字が1の場合は、証券市場全体の株価のブレとその企業の株価のブレが同じであり、株式証券市場全体のリスクとその企業のリスクが同じであることを意味します。一方でβが1を上回って1.5の場合は、株式市場全体の株価のブレに対して、その企業の株価のブレが1.5倍程度と大きく、株式市場全体に比較してその企業のリスクがより高いことを意味します。その場合は、マーケットリスクプレミアムに1.5をかけることで、リスクプレミアムを増幅させます。一方で、βが1を下回って0.5の場合は、株式市場全体の株価のブレに対して、その企業の株価のブレが0.5倍程度と小さく、リスクが低いことを意味しており、その場合は、マーケットリスクプレミアムに0.5をかけることで、リスクプレミアムを縮小させます。

　このように、確実に稼げる金利に個々の企業のリスクを加えて、株主資本コストを計算します。

本当の意味での成長の実現

　このような資本コストを意識してROEの向上を目指すことは、企業価値を高める経営には欠かせません。企業価値が創造されるのは、企業に対する資金提供者が期待している儲けである資本コストを超えるキャッシュフローを生み出す場合です。それが実現できてはじめて本当の意味での成長が実現できたことになり、PBRは高まっていきます。

図表0-9 成長の本当の意味

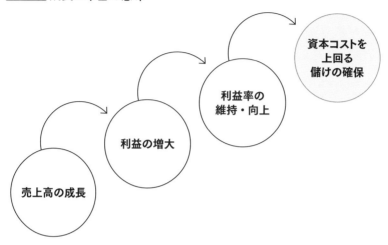

出典：西山茂 (2018)『ビジネススクールで教えている会計思考77の常識』日経BP

　ただし、あまりにROEの向上を重視してしまうと、投資収益率の高い事業だけを残して、投資収益率があまり高くない事業はすべてやめてしまうことにもつながり、規模縮小に向かう可能性もあります。ROEが規模の大きさや成長と直接関係がないことには注意が必要です。

成長のスピード、成長の方法

　規模や成長についての考え方としては、まず成長スピードは、市場全体の成長スピードと比較することが重要です。一般に少なくとも市場の伸びと同じ程度の成長を維持し、シェアを維持していくことが望ましいでしょう。その意味では、成長スピードの適切性を評価する場合、市場全体の成長や競合企業の成長と比較したり、またシェアが維持できているかどうかを確認することが重要になります。

　市場全体が成長しているときは、その流れに沿っていけば比較的成長は実現しやすいといえます。一方で、市場が成熟してくると、成長するためにはシェアの上昇が必要になり、これは競合企業との間で限られた市場を取り合うゼロサムの戦いになるため、ハードルが高くなります。

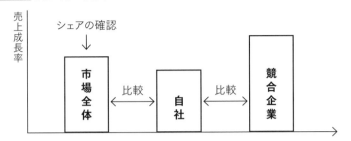

図表0-10 売上高の成長

出典：西山茂（2018）『ビジネススクールで教えている会計思考77の常識』日経BP

　成長のための具体的な方法は、大きく分けると自らの投資で徐々に拡大していく方法と、M&Aを使って一気に拡大する方法の2つがあります。このうち、市場が成熟している場合には、拡大に時間がかかる自らの投資よりも、一気に規模を拡大することができ、同時に競合企業を減らすことにもなるM&Aに比重を置くなど、状況に応じて使い分けることも必要です。

　売上高の成長は、それによって獲得できるシェアという視点から考えることも重要です。一般に、売上高の成長によって一定のレベルまでシェアを高めると、市場の支配力が高まり、収益性が上昇する傾向が強いといわれています。

ROICとWACC

投下資本全体に対するリターン

　資本コストを意識した経営を実践している企業の中では、ROEではなく、ROICという指標を重視するところも増えています。

　ROICは、外部から企業に投下されている資本に対して、企業が生み出すことができたリターン（利益）の比率を計算し、外部の資金投資者から見た投資収益率を評価するための指標です。投下資本（Invested

Capital）としては、借りた資金である借入金や社債などの有利子負債（DEBT）と株主から預かった資金である株主資本（EQUITY）の合計が使われます。一方でリターンとしては、事業からの儲けである営業利益（Operating Profit）から、それに対する税額を差し引いたNOPAT（Net Operating Profit After Tax：税引後営業利益）が使われます。つまり、ROICは下記のようにNOPATをInvested Capitalで割って計算されます。

ROIC ＝ NOPAT ÷ Invested Capital
　　　＝ NOPAT ÷（DEBT ＋ EQUITY）

図表0-11 WACC（加重平均資本コスト）

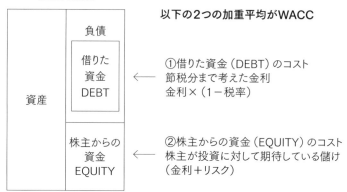

$$\text{WACC} = \frac{D}{D+E} \times I \times (1-t) + \frac{E}{D+E} \times \{Rf + \beta(Rm - Rf)\}$$

D：DEBTの金額　　　　　Rf：リスクフリーレート（国債の金利など）
E：EQUITYの金額　　　　β：ベータ値
I：DEBTの金利　　　　　Rm－Rf：マーケットリスクプレミアム
t：実効税率

出典：西山茂（2018）『ビジネススクールで教えている会計思考77の常識』日経BP

ROICがROEと大きく違うところは、分母に借入金や社債などの有利子負債を含めることです。つまり、株主から預かった資金である株主資本だけではなく、借りた資金を意味する有利子負債を加えて、外部から預かった、つまり投下された資金全体に対して、その資金を使って行っている事業からどの程度の儲けが生み出すことができたのかを評価しているのです。

ROIC ＞ WACCを目指す

　このROICを使って企業価値向上を目指すときの基準になるのがWACC（Weighted Average Cost of Capital：加重平均資本コスト）です。WACCは、企業が集めている資金の全体としてのコストのことであり、借りた資金のコストと株主からの資金のコストをそれぞれ計算し、その2つの加重平均として計算されます。

　加重平均する2つの指標のうち、株主からの資金のコストは、前述した株主資本コストで、CAPMによって計算されます。

　もう1つの借りた資金のコストは金利です。ただ、金利は税金の計算上は費用になり、節税効果があるので、実質的な負担を考えると金利から節税分を引いたもの、つまり金利×（1－税率）が借りた資金のコストになります。

　このようにして計算された、借りた資金のコストと株主の資金のコストを、2つの資金の大きさをもとに加重平均したものがWACCです。日本企業のWACCは5％程度から10％弱程度になっている場合が多いようです。

　このWACCは、国債金利の高さ、事業などのリスクの高さ、借りている資金の大きさによって、そのレベルが変わってきます。これは、国債金利の高さが資金提供者の儲けの最低限の要求ベースに影響を与え、事業などのリスクの高さが追加で儲けたいレベルに影響を与え、借りている資金の大きさが節税によって通常はコストが低くなる借りている資金の比重を通じて影響を与えるからです。つまり、国債金利が低い時期に、事業などのリスクが低い状況になっており、さらに借りた資金をか

なり使っている場合、通常はWACCは低めになります。一方で、その逆のケースではWACCは高くなります。

図表0-12 WACCのレベルに影響を与える要因

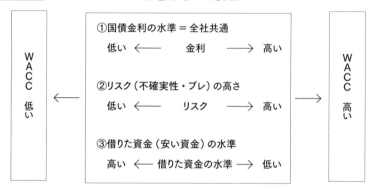

①国債金利の水準＝全社共通

低い ←─── 金利 ───→ 高い

②リスク（不確実性・ブレ）の高さ

低い ←─── リスク ───→ 高い

③借りた資金（安い資金）の水準

高い ←─── 借りた資金の水準 ───→ 低い

WACC 低い ←

→ WACC 高い

出典：西山茂（2018）『ビジネススクールで教えている会計思考77の常識』日経BP

　このWACCと前述のROICは、いずれも株主から預かっている資金である株主資本と、借りている資金である有利子負債の合計、つまり投下資本をベースにしているため、ズバリ比較ができることになります。

　具体的には、ROIC＞WACCとなっている場合は、資金提供者の期待以上の儲けを生み出していることになるので、基本的に問題がありません。

　一方で、ROIC＜WACCとなっている場合は、資金提供者の期待を下回る儲けしか生み出せていないことになるので、問題であり、事業の収益力や投資効率の改善、あるいは事業の縮小・撤退などを考える必要が出てきます。

PBRについての注意点

　PBRを活用する場合の注意点について、その構成要素となっているROEとPERに区分してまとめておきましょう。

ROEの注意点

　まずはROEに関連する注意点です。

　1つ目は、分子の当期純利益に関する点です。当期純利益は日本の会計基準をもとにすると、本業の利益を表す営業利益から、財務を中心に原則として継続して発生する本業以外の損益を表す営業外損益と臨時異常な事象による損益を表す特別損益、さらには法人税等が加減されて計算されます。

　したがって、為替差損益など変動する可能性のある営業外損益や、臨時異常な損益を表す特別損益が多額に発生すると、当期純利益が一時的に大きく変動してしまい、企業の実態を必ずしも適切に表さなくなる可能性があります。このように、当期純利益に事業自体の状況に関係ない要素が入り込むことで、株主から見た本来の実態を反映した投資収益率が計算できていない可能性が出てきます。

　2つ目は、会計基準やその選択に関係する点です。会計基準のデファクトスタンダードともいわれるIFRS（International Financial Reporting Standards:国際財務報告基準）が普及してきているものの、まだ国による会計基準の相違が残っているため、国際比較の場合には、ROEの計算のベースとなる財務諸表が同じ基準で作成されていない可能性があります。さらに同じ会計基準が採用されていても、例えば、減価償却の方法における定率法や定額法のように、会計処理方法に企業による選択が認められているものもあります。このように、採用している会計基準、またその中での処理方法の違いによって、ROEが相違してしまう可能性が出てきます。

　3つ目は、借入を増やし財務レバレッジを高めることで、ROEは計算上高まってしまう可能性があることです。確かに、適度に借入を使うことは、借入金の金利の増加による節税効果などによって、株主から見た投資収益率を高めるという面からは、1つの手段です。ただ、過度にそれに依存してしまうことには注意が必要です。

　4つ目は、規模や成長と直接的な関係がないことです。ROEはパーセントで計算されるものであり、あくまでも株主から見た投資収益率を

評価する比率の指標です。そのため、企業価値の1つの要素である規模の大きさや成長といった側面は反映されていません。したがって、企業の総合的な評価指標とはならない可能性があります。

PERの注意点

次に、PERに関する注意点です。

1つ目は、ROEの注意点の1と2にも関連する点です。つまり、PERのベースである当期純利益が、営業外損益や特別損益の状況や会計基準の違いによって、変化してしまう可能性があることです。年度での比較や企業同士での比較を行う場合には、注意が必要です。

2つ目は、PERは、事業分野がどの業界に所属するか、また事業がどの程度類似しているか、といったことによってその水準が相違する傾向があるので、事業展開の見せ方によって変化してしまう可能性があることです。本質的に成長性が期待できるような事業展開となっているかを見極めることが重要です。

高PBRを持続的、長期的に維持する

このように、PBRを活用する場合は、営業外損益や特別損益の状況、会計基準の違いによる当期純利益や純資産への影響、借入を増やすことによって上昇する可能性があるといった財務レバレッジによる影響、規模や成長と直接関係がないので絶対金額としての時価総額の向上も意識する必要がある、などに注意しながら活用していく必要があります。

また、それに加えて、PBRは単に1を上回ればいい、ということではなく、1を一定程度上回る水準を目指し、さらにその水準を一時的ではなく、持続的、長期的に維持していくことも重要です。

自己資本と純資産の違い

ROEの分母になる自己資本は純資産とほぼ同じと説明しましたが、ここで自己資本と純資産の違いについて確認しておきます。前述のよう

に、ROEは、各企業の株主がその企業に投資した資金に対する投資収益率を計算するものです。また、貸借対照表の純資産は、株主がその企業に対して投資している金額を表します。

　ただ、厳密には、企業グループ（連結ベース）のROEは、そのグループの中核企業（親会社）の株主の立場から見た投資収益率を表すものとして計算することになっています。各企業のグループとしての状況を表す連結貸借対照表の純資産の中身を見てみると、その中には中核企業の株主が投資したものとは関係ないものが含まれています。具体的には、中核会社が100%を保有していない子会社に対して、外部の株主が保有している権利を意味する非支配持分と、将来的に株主になる可能性がある人の権利を意味する新株予約権の2つです。

　この2つは中核企業の株主が投資している金額とは関係ないので、純資産から差し引いて、これを自己資本と呼び、ROEの分母としています。

自己資本 ＝ 純資産 － 非支配持分 － 新株予約権

　ただ、多くの企業では、非支配持分や新株予約権の金額はあまり大きくありません。したがって、純資産を分母としてROEを計算しても、ROEの水準の把握にはあまり問題はありません。

　また、ROEの分子は、厳密には、「親会社株主に帰属する当期純利益」です。分母の自己資本の場合と同じく、 中核企業（親会社）の株主が受け取る当期純利益という意味です。

　このように、ROEは、企業グループの中核企業の株主から見た投資収益率として計算するのです。

参考文献

＜書籍・論文＞
- Mckinsey & Company, T. Koller, M. Goedhart and D. Wessels（2010）
  Valuation : Measuring and Managing the Value of Companies, Fifth Edition,
  Wiley Finance.（本田桂子監訳（2012）『企業価値評価　第5版（上）―バリュ
  エーションの理論と実践』ダイヤモンド社）
- 西山茂（2006）『企業分析シナリオ 第2版』東洋経済新報社
- 西山茂（2016）「ROEから考える日本企業の課題」『年報財務管理研究』日本
  財務管理学会, 第27号, pp.106-120
- 西山茂（2018）『ビジネススクールで教えている会計思考77の常識』日経BP
- 西山茂（2019）『「専門家」以外の人のための決算書&ファイナンスの教科書』
  東洋経済新報社
- 西山茂（2023）「企業価値向上に資するROICの活用について―EVAとの関
  係やROICの活用事例も踏まえて―」『早稲田国際経営研究』早稲田大学ビジ
  ネス・ファイナンス研究センター, 第53/54号, pp.17-33

第 1 部

第 1 部

資本効率の向上

第 1 章

味の素

アミノ酸から生まれた
半導体材料が高収益化

無形資産投資

×

事業ポートフォリオ変革

利益貢献度の高いセグメントが成長

　「味の素」という会社名を聞いて、皆さんはどんな商品を思い浮かべますか。同社の創業商品である世界初のうま味調味料「味の素」を挙げる方も多いでしょう。

　今では売上高が1兆4,392億円（2024年3月期、日本35.4％、アジア27.7％、米州26.3％、欧州10.5％）の同社で、赤い蓋の瓶に入った「味の素」の日本における売上高は全体の1％もありません。ですが同社は「味の素」から派生した調味料や加工食品の分野に幅広く商品を展開し、多数の高シェア商品を持っています。

　食品に関して、2024年3月期における日本市場のシェアは図表1-1の通りです。ほんだし、Cook Do、クノールなど、おそらく皆さんも一度は見かけたことのあるブランドが多いのではないでしょうか。それらを合計すると調味料・食品の売上高は8,469億円と全体の半分強を占めています。

図表1-1 味の素の調味料・食品の主要製品（日本市場）

製品領域		主要ブランド	市場規模（億円）	シェア（順位）
調味料	うま味調味料	味の素 ハイミー	62	96%（1位）
	和風だしの素	ほんだし	354	56%（1位）
	コンソメ	味の素KKコンソメ	118	79%（1位）
	マヨネーズ類	ピュアセレクト	736	27%（2位）
	メニュー用調味料	Cook Do Cook Doきょうの大皿	780	27%（1位）
栄養・加工食品	スープ	クノール	1,216	30%（1位）
	インスタントコーヒー	Blendy MAXIM	759	23%（2位）
	スティックコーヒー	Blendy Blendyカフェラトリー	468	56%（1位）
	レギュラーコーヒー	ちょっと贅沢な珈琲店 Blendy（ドリップ含む）	609	13%（3位）

出典：味の素 2024年3月期決算概要より筆者作成

　味の素は冷凍食品でも大手で、冷凍のギョーザやシュウマイなど人気商品も多く、食べたことがある人もいると思います。しかし、味の素を調味料・加工食品・冷凍食品などの食品メーカーとして見るだけでは、同社の最近の変化を的確に捉えることはできません。

　ここでセグメント別の売上高および事業利益（同社独自の利益指標。売上高−売上原価−販売費、研究開発費および一般管理費＋持分法による損益にて算出）の構成比を見てみましょう。

図表1-2 味の素のセグメント別の売上高と事業利益

| | 2023年3月期 | | | | 2024年3月期 | | | |
| | 売上高 | | 事業利益 | | 売上高 | | 事業利益 | |
	金額(億円)	%	金額(億円)	%	金額(億円)	%	金額(億円)	%
調味料・食品	7,750	57.0	848	62.7	8,469	58.8	1,115	75.5
冷凍食品	2,672	19.7	20	1.5	2,818	19.6	95	6.4
ヘルスケア等	2,996	22.0	486	35.9	2,945	20.5	243	16.5
その他	171	1.3	△ 1	△ 0.1	158	1.1	21	1.4
合計	13,591	100.0	1,353	100.0	14,392	100.0	1,476	100.0

出典：味の素2024年3月期決算短信より筆者作成

　確かに売上高を見ても事業利益を見ても調味料・食品の比率は高いのですが、意外なことに冷凍食品はあまり儲かっていません。

　近年、事業利益への貢献度が高まっているのがヘルスケア等です。同事業は、2024年3月期は市場の在庫調整の影響を受け大幅な減益であったものの、2023年3月期は売上高2,996億円に対して事業利益は486億円に達し、利益率の高さが際立っていました。そして味の素がこの先、最も期待をかけている成長分野でもあります。

　このヘルスケア等の中で稼ぎ頭になっているのが半導体材料です。上述のとおり、2024年3月期は一時的に減益であったものの、2023年3月期においては半導体材料の味の素ビルドアップフィルム（ABF）を含むファンクショナルマテリアルズセグメントの売上高は701億円、事業利益は369億円となりました。事業利益率は52.6％と全社平均の9.95％を大きく上回っています。

　ABFはCPU（中央演算処理装置）の高集積化に対応した新たな絶縁材で、高性能PC向け半導体では世界シェアほぼ100％となっています。2030年までに約250億円をABFの増産投資に充てる計画も打ち出しており、さらなる成長が期待される事業です。

　この半導体事業は味の素の変化の象徴ともいえる新事業です。近年、無形資産への投資、事業ポートフォリオの見直し、資本コストの改善、コーポレートガバナンスの強化などに取り組んでおり、その中で推進してきた半導体事業への積極投資が大きな成果として結実したのです。

時価総額は食品業界のナンバーワン

　味の素の変身は投資家からの高評価にもつながり、2020年以降、株価は大きく上昇しています。時価総額は３兆円を超えて調味料メーカーのトップに立ち、売上高で味の素を上回るアサヒグループホールディングス、キリンホールディングス、サントリー食品インターナショナルも

図表1-3 食品メーカーの株価推移（2019年4月30日時点の株価＝1とした指数）

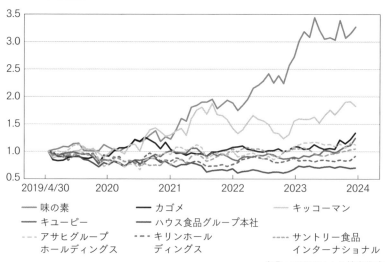

出典：SPEEDAより筆者作成

上回り、日本たばこ産業を除けば食品業界の第1位に上昇しています。PBR（2024年5月15日時点）は3.80倍です。

なお、キッコーマンもPBRが3.51倍と高水準です。積極的な海外市場の開拓が奏功し11期連続で最高益を更新しており、今後も海外市場の成長が見込めることから、資本市場からの評価を獲得しています。

図表1-4 食品メーカーの時価総額（2024年5月15日時点）

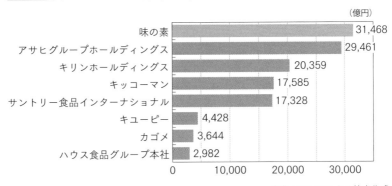

出典：SPEEDAより筆者作成

図表1-5 食品メーカーのPBR（2024年5月15日時点）

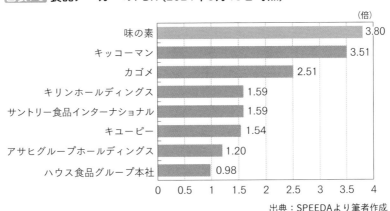

出典：SPEEDAより筆者作成

では、味の素の業績推移を見てみましょう（図表1-6）。2024年3月期は、売上高1兆4,392億円、事業利益1,476億円を計上し、売上高は

３期連続、事業利益は５期連続で過去最高を更新しています。

　セグメント別の事業利益の推移を見ると（図表1-8）、半導体を含むヘルスケア等は、2024年３月期は市場の在庫調整の影響を受けたものの、一時的要因を除けば増益基調であり、売上高の成長率を上回る利益の成長率を実現しています。

　ここで味の素の損益計算書を見てみましょう（図表1-9）。売上高総利益率は35.5％と一般的な水準であるものの、営業利益率10.2％は食品メーカーとしては高水準です。矢野経済研究所の調査によれば、日本における食品製造上場企業の営業利益率の平均値は5.1％です。

　販売費および一般管理費の内訳を見ると、会社の戦略を確認することができます。味の素は販売費14.0％のうち、広告費と販売促進費4.9％の次に、物流費3.9％を投入しています。これはB to Cの商品も展開する同社にとっては必要なコストです。

　また、新たな価値の源泉として、研究開発費に287億円（対売上高

図表1-6 味の素の売上高・事業利益の推移

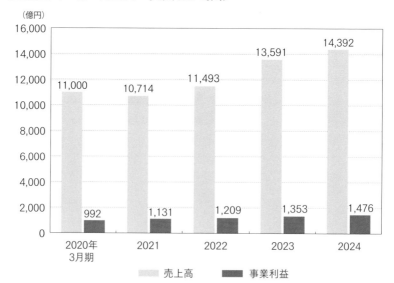

出典：味の素 2024年３月期有価証券報告書より筆者作成

図表1-7 味の素のセグメント別売上高の推移

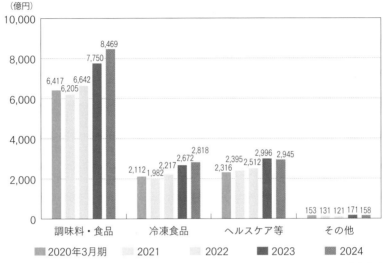

（億円）

出典：味の素 IR Data Book 2024より筆者作成

図表1-8 味の素のセグメント別事業利益の推移

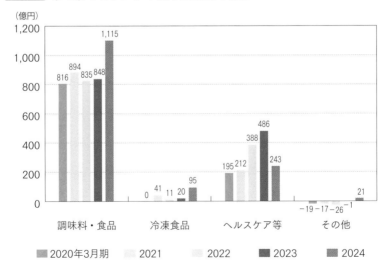

（億円）

出典：味の素 IR Data Book 2024より筆者作成

図表1-9 味の素の損益計算書（2024年3月期）

	金額（億円）	%
売上高	14,392	100.0
売上原価	9,277	64.5
売上総利益	5,114	35.5
販売費	2,016	14.0
研究開発費	287	2.0
一般管理費	1,380	9.6
事業利益	1,476	10.3
その他の営業収益	204	1.4
その他の営業費用	214	1.5
営業利益	1,466	10.2
金融収益	77	0.5
金融費用	124	0.9
税引前当期利益	1,420	9.9
法人所得税	400	2.8
親会社の所有者に帰属する当期純利益	1,020	7.1

出典：味の素2024年3月期決算短信より筆者作成

2.0％）を投入しています。後述するアミノ酸を使いこなすための研究開発は、味の素の事業成長をリードしています。

　順調に成長を遂げているように見える味の素ですが、実は、元社長の西井孝明氏が社長に就任した2015年から2019年にかけては株価も業績も低迷し、時価総額は1兆円を割りました。味の素は、「グローバルトップ10クラスの食品企業」を標榜し、M&Aなどによる規模拡大をしましたが、利益が伴わず、株価低迷を招いていたのです。

　その危機感から、2020年に西井氏は志（パーパス）である「アミノ酸のはたらきで食と健康の課題を解決」を策定し、変革への強いコミットメントを示し、変革に着手します。長期的なありたい姿の実現に向け、バックキャストで企業価値向上の具体的なプロセスを開示し、それを着実に実行していくことで資本市場の信頼を徐々に獲得し、株価は回復基調となります。その後、2022年に現社長の藤江太郎氏が社長に就任し、西井氏より変革のバトンを引き継ぎ、2023年にパーパスを「アミノサイエンスで人・社会・地球のWell-beingに貢献する」に進化させました。「アミノサイエンス」は味の素グループの造語で、「アミノ酸の

はたらき」に徹底的にこだわり、多様な素材・機能・技術・サービスを生み出し、食品だけでなく様々な事業を展開していくという想いが込められています。

　その具体的な取り組みのポイントは、無形資産投資であり、事業ポートフォリオの変革です。

無形資産投資のポイント①
アミノ酸を基点とした研究開発

　味の素は、「日本人の栄養状態を改善したい」と願っていた池田菊苗博士が発見した昆布だしに含まれるうま味成分を、鈴木三郎助氏が製品化したことから始まりました。以来、100年以上にわたり「おいしく食べて健康づくり」という創業の志を受け継ぎながら、アミノ酸のはたらきを活用した事業を展開しています。

　アミノ酸（グルタミン酸）は、たんぱく質を構成する最小単位の成分で、人間の体の形成にとって最も重要な物質です。「味の素」の素であるアミノ酸を使いこなす力こそ、同社の競争力の源泉です。

　味の素はアミノ酸を中心とした研究開発の成果として、食品やヘルスケアの分野に様々な成長市場を見いだしてきました。調味料・食品だけではなく、高機能バイオ素材、飼料用アミノ酸事業、香粧品、電子材料、医薬・医療およびヘルスケア領域にも展開しています。国内外27カ所の生産拠点で20種類近くのアミノ酸を製造しており、世界中の工場立地に最適な原料と微生物の選定、プロセスの開発により、グローバルな生産体制を構築しています。

　独自の技術を守るために、国内外合わせて約4,000件の特許を保有しています。

　アミノ酸を基点とした研究開発および知財戦略の成功例として、前述した半導体材料ABFがあります。ABFは、アミノ酸技術を応用して開発されました。これまでのインク式絶縁材料は、基板に塗って乾かす手間がかかるうえ、塗りむらで表面がでこぼこする可能性があったため半導体の精密化に対応できないという課題がありました。ABFは絶縁材を

フィルム化することによってその課題を解決したのです。

　その開発においては、直接の顧客である基板メーカーのみならず、その先の半導体メーカー、原材料メーカー、基板製造プロセスに関わる薬液や装置メーカーなどバリューチェーン上のパートナーと連携しました。半導体の開発段階から関わることで、半導体関連市場の拡大とともにABFを使ってもらえるようになったのです。1999年以来、大手半導体メーカーに採用され、現在では、インテルなど主要なPC向け半導体の分野では世界シェアがほぼ100％となっています。

　ABFの開発では、R&D部門と知財部門が一体で、技術開発戦略と知財戦略を同期させる高速開発システムを実現しています。高速開発システムとは、顧客ニーズを先読みした開発、試作、客先評価を短いサイクルで繰り返し、製品化スピードを速める取り組みです。24時間稼働可能なロボット導入による短時間でのサンプル計測、大量のデータを統計分析するマテリアルズ・インフォマティクスを駆使した配合条件の検討

図表1-10 **味の素のセグメント別研究開発費の推移**

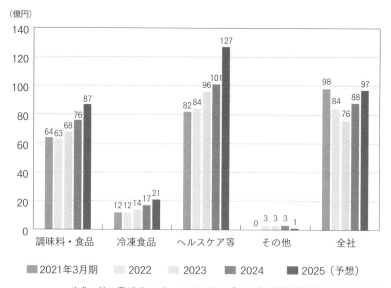

出典：味の素 IR Data Book 2023および2024年3月期決算概要より筆者作成

など、最新技術の導入にも余念がありません。

　近年はコロナ対応のテレワーク化でPC需要が増加し半導体関連市場が拡大しましたが、今後は、自動運転、ディープラーニング、自然言語AIの拡大により、HPC（ハイパフォーマンスコンピューティング）用基板の需要増加が予想されます。HPCでのABFの使用量はパソコン向け基板の10倍以上になると見込まれます。

　そうした成長市場に対する研究開発費の投入は増加しています。セグメント別の研究開発費は、図表1-10の通り、ABFを含むヘルスケア等が調味料・食品を上回っています。

知財・無形資産の重要性の高まり

　急速な技術革新、社会的課題への関心の高まりといった環境変化を背景に、近年、知財・無形資産は、企業の競争力の源泉として、より重要な経営資源となっています。

　2021年6月にコーポレートガバナンス・コードが改訂され、上場会社は、知財への投資について、自社の経営戦略・経営課題との整合性を意識しつつ、わかりやすく具体的に情報を開示・提供すべきであることに加え、取締役会が、知財への投資の重要性に鑑み、経営資源の配分や事業ポートフォリオに関する戦略の実行が企業の持続的な成長に資するよう実効的に監督を行うべきであることが盛り込まれました。

　2022年1月には内閣府および経済産業省が「知財・無形資産の投資・活用戦略の開示及びガバナンスに関するガイドライン」Ver1.0を策定しました。企業がどのような形で知財・無形資産の投資・活用戦略の開示やガバナンスの構築に取り組めば、投資家や金融機関から適切に評価されるかについて示したものです。さらに、2023年3月にはガイドラインVer2.0を公表し、企業の情報開示と投資家との対話を促しています。知財・無形資産の投資・活用戦略の構築・実行に取り組むとともに、戦略の開示・発信をすることによって、企業の価値が向上し、さらなる知財・無形資産への投資に向けた資金の獲得につながることが期待

されています。

　なお、企業価値に占める無形資産価値の割合は、研究開発投資やIT投資、人材投資を積極的に行った米国企業が90％に達し企業価値を支えているのに対し、日本企業は32％にとどまっています。

図表1-11 **無形資産価値の日米比較**

出典：Ocean Tomo Intangible Asset Market Value Studyより筆者作成

事業ポートフォリオ変革のポイント①
４つの成長領域を設定。非連続成長も目指す

　味の素は、2030年に向けて、アミノサイエンスの強みを活かし、市場の成長性が高く、同社が創出できる社会価値の高い領域に集中することを基本方針として、「ヘルスケア」「フード＆ウェルネス」「ICT」「グリーン」の４つの成長領域を設定しています。既存事業の非連続成長や新規事業領域創出を実現するためのM&A投資も積極的に検討・実施する方針です。

　現在の事業利益の構成比は食品事業：アミノサイエンス事業＝２：１の割合ですが、2030年には食品事業：アミノサイエンス事業＝１：１の割合となることを目指しています。すでに直近５年間の事業利益のセグメント別の割合を見ても、図表1-12の通り、ヘルスケア等が在庫調

整の影響を受けた2024年3月期を除いて、調味料・食品からヘルスケア等へのシフトが進んでいます。

図表1-12 味の素の事業利益のセグメント別割合の推移

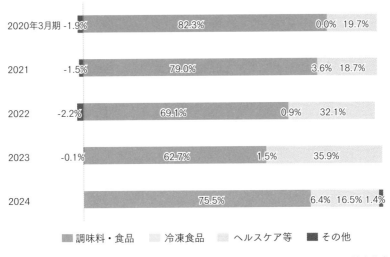

2020年3月期 -1.9% 82.3% 0.0% 19.7%

2021 -1.5% 79.0% 3.6% 18.7%

2022 -2.2% 69.1% 0.9% 32.1%

2023 -0.1% 62.7% 1.5% 35.9%

2024 75.5% 6.4% 16.5% 1.4%

■ 調味料・食品　　冷凍食品　　ヘルスケア等　■ その他

出典：味の素 IR Data Book 2024より筆者作成

　図表1-13は、味の素の事業ポートフォリオ進化のイメージです。事業の評価基準に関して、従来は縦軸を成長性、横軸を効率性でしたが、現在は縦軸を中長期の成長性、横軸を競争優位性に変更しています。

　さらに、今後は、機敏に撤退判断も行いながら、事業ポートフォリオを常に新しく進化させることを宣言しています。雇用の流動性が低い日本においては、不採算事業の撤退基準が曖昧になりがちな中で、撤退判断についても明言しており、味の素の事業ポートフォリオ変革に対する覚悟がうかがえます。

　すでに、加工の手間がかかるため利益率の低い冷凍食品は、ギョーザや米飯類に代表されるアジア料理をコア領域と位置づけて集中し、それ以外の領域については構造改革や撤退の方針を打ち出しています。海外では、米国と欧州で日本食人気の高まりや日本食レストランの増加など

図表1-13 味の素の事業ポートフォリオ進化のイメージ

既存事業から4つの成長領域に向けた
事業ポートフォリオ進化

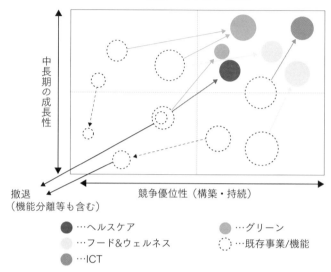

出典：味の素グループASVレポート2023

により、アジア料理の冷凍食品市場が急成長を続けています。日本においては、ノンコア製品を他社からのOEM（受託製造）による調達に切り替え、コア製品であるギョーザやシュウマイを増産しています。

　これまで味の素は、ほとんどの冷凍食品を自社生産してきました。2000年代前半に残留農薬や異物混入などの事件が日本で相次いだことを受け、品質を担保するために自社生産してきたのですが、結果として資産が重くなっていました。ただ、近年は、自社工場でなくても自社のノウハウを提供して品質の透明度を上げて管理することが可能なため、OEMを組み合わせることにより資産圧縮を行う方針です。

事業ポートフォリオ変革のポイント②
ROIC目標を掲げて各セグメントを強化

　味の素は今後の成長投資を積極化していく上で、単に売上を伸ばして

いくだけでなく、冷凍食品のような低収益化を防ぐため、利益率の目標を掲げて各セグメントを強化しています。その際の目標はROIC（投下資本利益率）です。2019年3月期に2.8％であったROICは2020年3月期以降に急上昇しました（図表1-14）。2024年3月期はヘルスケア等の一時的な大幅減益や買収した遺伝子治療薬の受託製造会社Forge Biologics Holdings, LLCの利益がまだ出ていないことから下落しましたが、それでも8.4％に達しています。

ROIC上昇の背景としては、半導体事業による利益押し上げだけでなく、2021年3月期〜2023年3月期の3年間で、1,900億円規模の資産圧縮を行いました。つまり、ROICの分母となる投下資本を軽くしたのです。全社横断のコスト構造改革など300億円規模の収益改善を行うとともに、冷凍食品の一部など不採算事業の圧縮、取引先との関係維持などのために保有する政策保有株式の売却、味の素グループ各社の財務経理機能を担う子会社の発足による業務効率化などを実行しました。

図表1-14 調味料メーカーのROICの推移

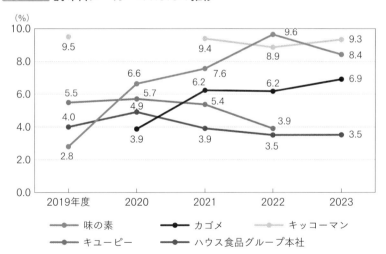

※ROICは、（NOPAT÷期首期末平均投下資本）×100により算出。NOPATは営業利益−税金合計の値、投下資本は有利子負債残高および純資産の合計値を採用。なお、前期・当期の会計基準が異なる場合や2023年度の本決算を迎えていない場合は、ROICの記載なし
出典：SPEEDAより筆者作成

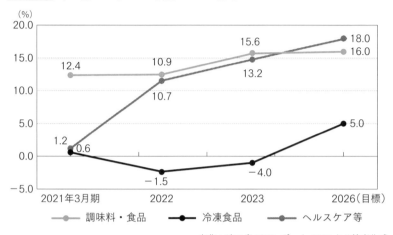

図表1-15 味の素のセグメント別ROICの推移

出典：味の素ASVレポート 2023より筆者作成

　2030年のROIC目標は約17％です。その達成に向けて、事業利益率の改善やオペレーションの効率化などによる収益性の向上、運転資本の最適化や適切な長期投資などによる資本効率の向上を計画しています。

　味の素は、セグメントごとのROICの実績値を開示しています。図表1-15の通り、特にヘルスケア等においては、ROICの実績値が上昇傾向です。

　ROICの目標を設定する上での指標となるのがWACC（加重平均資本コスト）です。調味料・食品およびヘルスケア等のWACCは7％、冷凍食品のWACCは5％です。味の素はこの数値を上回るROICを実現すること（ROIC＞WACC）を強く意識した効率性の改善、資産圧縮を行ってきました。

無形資産投資のポイント②
「組織」「人財」「技術」「顧客」を重要と位置付け

　味の素は企業価値の向上、すなわちROICの向上に向けて、無形資産への投資が重要と位置付けています。グループ全体で「組織資産」「人財資産」「技術資産」「顧客資産」の4つを中心に、無形資産の強化に取

り組んでいます。無形資産を、非財務資産ではなく、将来は財務の向上につながるプレ財務資産と位置付けており、2024年3月期は、人財・マーケティング・R&Dといった無形資産の強化に291億円を投じました。2025年3月期は、350億円の無形資産投資を見込んでいます。

　無形資産への投資は、ROICの分母である投下資本のうち有形資産を膨らませることはないため、分母分子の両面で、将来のROICが高まると考えており、事業利益の伸長の範囲内で、無形資産への投資を行っています。このような観点から、図表1-16の通り、無形資産への投資をROICツリーの中で位置付けていく試みを始めています。例えば、従業員エンゲージメントに関する取り組みがどのように財務価値に寄与するかを明確化し、無形資産投資に取り組んでいます。

　味の素は、人財資産をすべての無形資産の源泉と考え、従業員のエンゲージメントが企業価値を高める重要な要素と位置付けています。志を持った多様な人財が、生活者・顧客に深く寄り添い、イノベーションの共創に挑戦できるよう、人財への投資を強化しています。2023年から2030年までの累計で約1,000億以上の投資を計画しており、ワークショップや研修を通じて学ぶ機会を増やし、統合的に組織資産、組織風土を活性化させることを意図しています。

　どんなに優れた戦略があったとしても、その土台となる「挑戦する企業文化」がなければ、大きな効果は得られないとの考えで、元副社長の福士博司氏も「変革に成功した1番の要因は、企業文化・風土を変えたことだ」と語っています。

　また、従業員エンゲージメントと業績の相関関係についても自社独自で研究を進めており、「志への共感」「顧客志向」「生産性向上」の項目については、一人当たりの売上高や事業利益に正の相関があることが判明しています。

　こうした様々な取り組みによって、事業を通じて社会価値と経済価値を共創する取り組みを同社はASV（Ajinomoto Group Creating Shared Value）と称し、経営の基本方針としています。2016年からは、「ASVの自分ごと化」を促進するため、ASVの実現に向けたベストプラクティ

図表1-16 味の素の無形資産投資とROICツリー

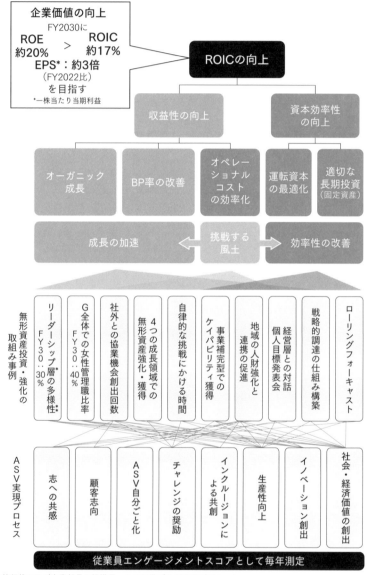

*執行役および事業部長や組織長、それに準ずる重要なポジション
**性別・国籍・所属籍等を多様性の軸とする

出典：味の素 中期ASV経営 2030ロードマップ

スを共有し、秀逸な事例を表彰するアワードを実施しています。

　また、味の素は、2023年に中期経営計画を廃止し、その代わりに中期ASV経営2030ロードマップを公表しました。従来の中期経営計画は、精緻に数字を積み上げたものの、結局は計画倒れや計画疲れになりがちでした。それに対してロードマップは、長期のありたい姿を定め、挑戦的な「ASV指標」を掲げ、それを実現するための道筋を未来から現在へと遡り、戦略やマイルストーンを整理したものです。

　「ASV指標」とは、味の素グループが事業を通じて得た財務パフォーマンスを示す経済価値指標（ROICなど）と、提供・共創したい価値に基づく社会価値指標（環境負荷軽減の取組み、栄養コミットメント）から成ります。また、ASV経営を強化する指標として、無形資産強化指標（従業員エンゲージメントスコア、コーポレートブランド価値）があります。味の素は、ASV指標への挑戦を推進しながら、企業価値向上を目指しています。

人的資本経営

　2020年９月に「人材版伊藤レポート」が公表され、「人的資本経営」という言葉がよく聞かれるようになりました。人的資本経営とは、経営戦略の実現可能性という観点から、経営戦略と連動した人材戦略を策定・実行することです。理想のチーム（To be）と現状のチーム（As is）とのギャップを把握の上、そのギャップを埋めるための採用・育成などに関する施策の策定・実行を行います。取締役会によるモニタリングを経て、社内外のステークホルダーに施策の進捗・結果を説明し、特に投資家からフィードバックを受けて施策をアップデートしていく好循環を継続することが肝要です。

　企業の競争力の源泉は人材であり、持続的な企業価値の向上を実現するためには、ビジネスモデルや経営戦略と人材戦略が連動していることが不可欠です。しかし、企業や個人を取り巻く変革のスピードが増す中で、目指すべきビジネスモデルや経営戦略と、足下の人材および人材戦

略のギャップが大きくなってきています。企業の人材戦略には、この
ギャップを解消していくことが求められています。

　同レポートでは、経営陣が主導する人材戦略に求められる３つの視点
（Perspectives）と５つの共通要素（Common Factors）を「3P・5F」
モデルとして整理しています。

　3Pとは、①経営戦略と人材戦略の連動、②As is – To beギャップの
定量把握、③人材戦略の実行プロセスを通じた企業文化への定着、で
す。この３つの視点から俯瞰することが可能であると述べられています。

　5Fとは、①動的な人材ポートフォリオ、個人・組織の活性化、②
知・経験のダイバーシティ＆インクルージョン、③リスキル・学び直
し、④従業員エンゲージメント、⑤時間や場所にとらわれない働き方で
す。企業価値の向上を目指す上では、3P・5Fに加え、自社の経営戦略
上重要な人材アジェンダについて、経営戦略とのつながりを意識しなが
ら、具体的なアクションやKPI（重要業績評価指標）を考えることが求
められます。

バランスの取れた財務戦略

　味の素の財務の健全性についても見てみましょう。自己資本比率は
49.8％と良好な水準です。

　流動資産のうち、棚卸資産は16.2％とそれなりの割合です。これは原
材料価格の高騰や為替の影響に加え、コロナ禍やウクライナ問題により
サプライチェーンが混乱し、政策的に製品や原材料在庫を厚く確保した
結果です。2024年３月期の棚卸資産回転日数は101日ですが、今後は
SKU（在庫管理上の最小の管理単位）の集中化・削減やDX推進によ
り、大幅な削減（2026年３月期の目標は70日）を目指しています。

　また、近年、味の素は、米国の連結子会社を通じてForge Biologics
Holdings, LLCを約828億円で買収するなど戦略的なM&Aを実施してお
り、その結果としてのれんは8.2％に達しています。

図表1-17 味の素の貸借対照表（2024年3月期）

	金額 （億円）	%		金額 （億円）	%
流動資産	7,096	40.0	流動負債	5,014	28.3
現金・現金同等物	1,715	9.7	仕入債務・ 　その他の債務	2,319	13.1
売上債権・ 　その他の債権	1,855	10.5	借入金・社債	1,882	10.6
棚卸資産	2,871	16.2	非流動負債	3,889	21.9
非流動資産	10,648	60.0	借入金・社債	2,542	14.3
有形固定資産	5,874	33.1	負債合計	8,904	50.2
無形資産	978	5.5	資本	8,840	49.8
のれん	1,460	8.2	利益剰余金	6,577	37.1
資産合計	17,744	100.0	負債・資本合計	17,744	100.0

出典：味の素2024年3月期決算短信より筆者作成

　営業キャッシュフローは2023年3月期に原材料価格の高騰や為替の影響で一時的に落ち込みましたが、2024年3月期は増益と棚卸資産の減少による運転資本の改善により、新記録となる約1,700億円を創出しております。

　また、事業の成長力強化に必要な投資を行った上で、営業キャッシュフローに余力がある場合、一定の範囲内で、配当金の支払いや自己株式の取得などの株主還元を行う旨の方針を打ち出しており、おおむねフリーキャッシュフローを財務キャッシュフローが上回っている点が特徴です。

図表1-18 味の素のキャッシュフローの推移

（億円）

	2020年 3月期	2021	2022	2023	2024
営業キャッシュフロー	1,148	1,656	1,455	1,176	1,680
投資キャッシュフロー	-666	-662	-615	-300	-1,324
財務キャッシュフロー	-523	-603	-1,230	-1,110	-67
フリーキャッシュフロー	482	994	840	876	356

出典：味の素2023年3月期有価証券報告書および2024年3月期決算短信より筆者作成

コーポレートガバナンス体制の強化

　味の素は、ASV経営を強化し、2030年のありたい姿を実現するための重要な経営基盤の一つとして、コーポレートガバナンスを強化しています。2021年には、適切な監督とスピード感のある業務執行の両立を目指し、監査役会設置会社から指名委員会等設置会社へ移行しました。これによって、執行については、取締役会から経営会議に大幅に権限委譲が可能となり、外部環境の変化に対応してスピード感のある意思決定が可能となります。

　また、取締役会の議長に独立社外取締役が就任しています。取締役会における議論の活性化や、監督と執行を分離し取締役会の監督機能を強化する観点から、取締役会の議長を社外取締役とすることを求める投資家の声も増してきていますが、「東証上場会社　コーポレート・ガバナンス白書 2023」によれば、社外取締役が議長を務める比率は東証上場会社の2.1%（78社）のみです。

　さらに、指名委員会等設置会社への移行と同時に、取締役会の下にサステナビリティ諮問会議を設置し、サステナビリティの観点から企業価値向上を追求するための経営方針を定める体制を強化しました。主として投資家・金融市場の専門家からなる社外有識者4名で構成され、議長は社外有識者が務めています。社外有識者が中心となるサステナビリティ関連委員会の設置は、日本企業において先進的な取り組みです。

　また、味の素は、役員に対する業績連動報酬の評価指標として、経済価値指標に加え、社会価値指標および無形資産強化指標を採用しています。経済価値指標は、ROICおよび相対TSR（Total Shareholder Return：株主総利回り）、社会価値指標は、温室効果ガス排出量削減率、健康寿命の延伸人数、無形資産強化指標は、従業員エンゲージメントスコア、グローバル女性管理職比率、コーポレートブランド価値です。

　こうした取り組みなどの結果、味の素は日本取締役協会が主催する「コーポレートガバナンス・オブ・ザ・イヤー2023」において、「Winner

Company」を受賞しています。

　どんなに強固なコーポレートガバナンス体制を構築しても、「仏作って魂入れず」の状態ではその効果を得られませんが、味の素は、経営陣の変革に対する覚悟が土台にあり、この強固なコーポレートガバナンス体制が生かされていると言えるでしょう。

参考文献

<書籍・論文>
- 西山茂（2019）『「専門家」以外の人のための決算書＆ファイナンスの教科書』東洋経済新報社
- Ocean Tomo（2020）, *Intangible Asset Market Value Study*
- 北川哲雄（2023）『サステナビリティ情報開示ハンドブック』日本経済新聞出版
- 福士博司（2024）『会社を変えるということ』ダイヤモンド社

<有価証券報告書・決算短信・統合報告書・その他公開資料>
- 味の素

<ウェブ資料>
- 知財投資・活用戦略の有効な開示及びガバナンスに関する検討会事務局資料　2021年8月6日
- 日経ビジネス「味の素、半導体材料でもう一つの「金メダル」」2021年9月7日
- 経済産業省「人的資本経営の実現に向けた検討会 報告書 〜 人材版伊藤レポート2.0 〜」2022年5月
- 東京証券取引所「東証上場会社 コーポレート・ガバナンス白書2023」2023年3月
- 知財投資・活用戦略の有効な開示及びガバナンスに関する検討会「知財・無形資産の投資・活用戦略の開示及びガバナンスに関するガイドライン（略称：知財・無形資産ガバナンスガイドライン）Ver.2.0」2023年3月27日
- 日経クロストレンド「味の素の「うま味」から絶縁材へ　プロセスイノベーションに活路」2023年8月17日
- 東京証券取引所「「資本コストや株価を意識した経営の実現に向けた対応」に関する開示企業一覧表の公表等について」2023年10月26日

- 矢野経済研究所　プレスリリース「食品製造業の市場・企業分析を実施（2023年）」2023年11月10日
- 日経ビジネス電子版「味の素も磨く半導体技術　挑んだ副業が80兆円市場で花開く」2023年11月28日
- 日本取締役協会「コーポレートガバナンス・オブ・ザ・イヤー®2023 受賞企業発表」2024年1月11日

第 2 章

ユニ・チャーム

勝ちパターンを磨き
「企業成長の法則」を打ち破る

コア製品の高付加価値化

横展開

コスト上昇を価格転嫁でカバーし業績は過去最高

　ユニ・チャームの製品は、ドラッグストアをはじめとして私たちの生活の身近なところで見ることができます。ムーニーやライフリーなどのブランドで有名なベビーや大人の紙おむつ、ソフィなどの生理用品、ペット用品などです。ユニ・チャームは不織布・吸収体の製品を製造販売しています。アジアを中心に海外にも強く、不織布・吸収体メーカーとしてアジアでナンバーワンの企業です。

　ユニ・チャームが手がけているような日用品の市場は、大きな需要の変化はなく、成熟化しているのではないか、と思われるかもしれません。しかしながら、ユニ・チャームは、成熟化した日用品の専門メーカーでありながらも、それを打ち破る成長を続けています。

図表2-1 **ユニ・チャームのセグメント別売上高と主な商品（2023年12月期）**

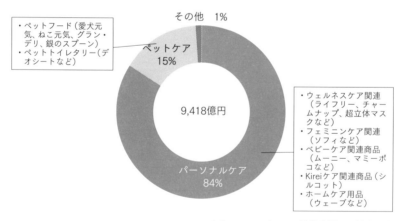

出典：ユニ・チャーム決算資料より筆者作成

　ユニ・チャームの業績推移を見ると、コロナ禍の影響はあったものの基本的に「右肩上がりの成長」を続けています。

　売上高は、2016年以降、7年連続で過去最高を更新しています。こ

の間の前期比成長率の平均は7%になります。直近の2023年12月期は前期比5％増の9,418億円となっています。

　コア営業利益（売上総利益から販売費及び一般管理費を控除した利益。ユニ・チャームが業績を測る指標として活用している）も増加傾向を持続しています。2022年12月期は原材料費の高騰などによる急激なコスト上昇の影響を受けて減益となったものの、同年下期から価格転嫁を進めてコスト上昇を吸収し、翌2023年12月期には過去最高を更新しました。価格転嫁の効果は254億円に上り、その結果、コア営業利益は前期比7％増の1,280億円となりました。

　売上高の半分以上を海外が占めるため為替変動による影響の上乗せもありますが、各商品で価格転嫁（価格改定）を実践して利益率を改善することができたこと、海外ではインドなどでの好調が持続していることが、増収増益につながっています。

図表2-2 ユニ・チャームの売上高とコア営業利益の推移

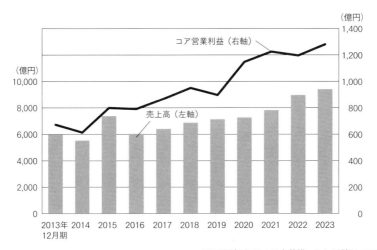

※2015年までは日本基準、それ以降はIFRS
出典：ユニ・チャーム決算資料より筆者作成

株式市場の評価は花王やライオンを引き離す

　ユニ・チャームの業績や投資家の評価をライバル企業と比較してみましょう。比較対象として、主力製品は異なりますが、同じように日用品関連を主に扱っている花王とライオンを取り上げます。

　花王は、トイレタリー用品で国内最大手です。「アタック」などの衣料用洗剤や「マジックリン」などの住居用洗剤、化粧品（カネボウ化粧品）などが特徴的です。また、ユニ・チャームの競合商品として、ベビー用紙おむつの「メリーズ」、生理用ナプキン「ロリエ」、大人用紙おむつ「リリーフ」などのブランドを持っています。

　ライオンはオーラルケア商品に強く、歯ブラシでは国内トップです。花王と同様に、トイレタリー用品でも国内有数の企業です。

　まず売上高に着目すると、花王（1.5兆円）＞ ユニ・チャーム（0.9兆円）＞ ライオン（0.4兆円）という順です（3社とも2023年12月期、以下同）。花王がかなり大きく、ユニ・チャームは2番手です。

　しかし時価総額を比較すると、ユニ・チャームと花王はほぼ同額です（3.1兆円、2024年5月15日）。

図表2-3 ユニ・チャーム、花王、ライオンの時価総額と売上高

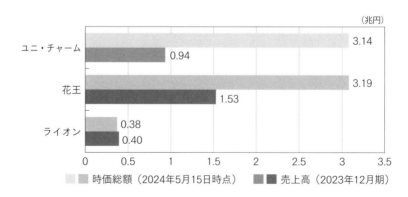

出典：筆者作成

　PBRは、ユニ・チャームが4倍を超えています（2024年5月15日時点）。同社のPBRの高さは、東証プライム上場企業のうち化学品メーカーとしてはトップレベルです（東証プライム上場で時価総額1,000億円以上の「化学」企業が対象。日本経済新聞による2023年6月5日時点のデータ）。

　PBRをPER × ROEに分解すると、PER、ROEともにユニ・チャームは花王とライオンよりも高い水準にあります。PERは企業の成長性や将来性に対する投資家の期待の表れ、ROEは投資家から見た利益率の高さを測る指標と言われますが、ユニ・チャームはどちらの指標も優れています。

図表2-4 **ユニ・チャーム、花王、ライオンのROEとPER**

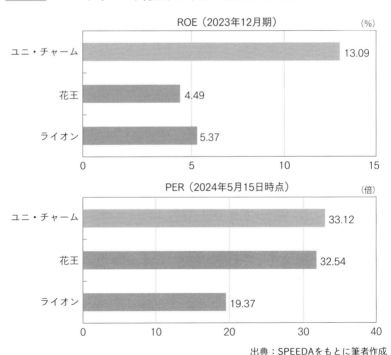

出典：SPEEDAをもとに筆者作成

　また、PBRの推移を見ると（図表2-5）、過去5年ほどの間に、花王とライオンのPBRが徐々に低下してきたのに対して、ユニ・チャームのPBRは4〜5倍をほぼ維持してきました。

図表2-5 ユニ・チャーム、花王、ライオンのPBR推移

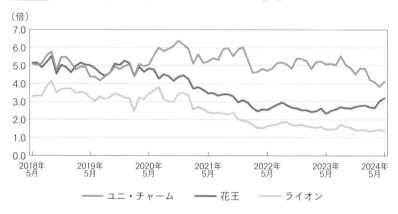

（倍）

出典：SPEEDAをもとに筆者作成

　3社のPBR推移から言えることは、花王やライオンが徐々に投資家からの評価を下げてきたのに対して、ユニ・チャームは評価を維持しているということです。似たような日用品の事業を展開している3社のPBRに差が開いたのはなぜでしょうか。

「成熟期」に入っているのに成長を持続

　実はこの3社はいずれも、以下の2つの理由から「成熟期」にある企業とも言えます。

　1つ目の理由は商品のコモディティ化です。3社が扱っている製品は、いわゆる「コモディティ化」しやすい商品です。

　コモディティとは「一般商品」「日用品」という意味ですが、経営学での用語としては、「メーカー間の差別化特性がなくなり、同質的になるため、主に価格あるいは量を判断基準に売買が行われるようになるこ

と」というような意味で用いられています。つまり、商品の付加価値で差別化することが難しくなり、低価格競争に陥りがちになるということです。

ユニ・チャームの紙おむつのような商品は、コモディティに該当するものであり、それを主力商品にする企業は「成熟期」に入っていくと考えられます。同様に、花王やライオンも、主力製品やブランドはそれぞれ異なりますが、コモディティに該当する日用品を製造販売しており、企業のステージとしては「成熟期」にあると言えます。

2つ目の理由は、キャッシュフローの特徴です。3社のキャッシュフローは図表2-6のようになっています。

一部の期では例外もありますが、キャッシュフローを「プラス」と「マイナス」で大まかに分類すると、この3社はほぼ同じタイプであることがわかります。つまり、営業キャッシュフローがプラス、投資キャッシュフローがマイナス、財務キャッシュフローがマイナス、そしてフリーキャッシュフローはプラスです。

図表2-6 ユニ・チャーム、花王、ライオンの連結キャッシュフロー

(億円)

ユニ・チャーム	2017年12月期	2018	2019	2020	2021	2022	2023
営業キャッシュフロー	980	1,108	849	1,502	1,052	922	1,624
投資キャッシュフロー	-387	-1,134	-692	-416	-798	-71	-675
財務キャッシュフロー	-305	-277	-230	-352	-451	-616	-670
フリーキャッシュフロー	593	-25	157	1,085	254	850	948
花王	2017年12月期	2018	2019	2020	2021	2022	2023
営業キャッシュフロー	1,858	1,956	2,445	2,147	1,755	1,309	2,024
投資キャッシュフロー	-961	-1,578	-942	-619	-672	-749	-1,093
財務キャッシュフロー	-532	-1,085	-1,261	-870	-1,415	-1,393	-799
フリーキャッシュフロー	896	377	1,502	1,527	1,082	559	931
ライオン	2017年12月期	2018	2019	2020	2021	2022	2023
営業キャッシュフロー	285	318	367	407	192	419	300
投資キャッシュフロー	-87	-89	-207	-198	-341	-195	-347
財務キャッシュフロー	-67	-87	-105	-91	-102	-198	-117
フリーキャッシュフロー	198	228	160	208	-148	224	-405

出典：SPEEDAをもとに筆者作成

図表2-7 ユニ・チャーム、花王、ライオンのキャッシュフローのタイプ

	ユニ・チャーム	花王	ライオン
営業キャッシュフロー	＋	＋	＋
投資キャッシュフロー	－	－	－
財務キャッシュフロー	－	－	－
フリーキャッシュフロー	＋	＋	＋

出典：筆者作成

　キャッシュフローがこのタイプになっている企業は「成熟期」であると言われます（以下のコラム参照）。

キャッシュフローと企業ステージ

　キャッシュフローと企業ステージには関係があるとされています。

　営業キャッシュフローは、その会社の本業でどれだけキャッシュを稼いだかを示しています。通常はプラスになっている必要があります。

　投資キャッシュフローは、固定資産や投資有価証券の取得・売却による収支を示しています。会社がどれほど経営資源への投資を行ったかを示しています。

　財務キャッシュフローは、会社の財務活動、つまり、借入などの資金調達やその返済、配当金などの支払いによる収支を示しています。

　フリーキャッシュフローとは、通常、営業キャッシュフローと投資キャッシュフローの合計として計算されます。本書でもそのように計算して記載しています。このフリーキャッシュフローは、企業が事業活動によって一定期間の中で生み出している正味のキャッシュフローであり、本業の稼ぎ出す力を表しているとも言えます。フリーキャッシュフローは、企業価値算定で重要視される指標であり、その増加は企業価値向上に直結します。

　このフリーキャッシュフローを増やすための基本は、①事業の儲け（利益）を増やす、②投資を減らす、ということになります。

　一般的にはフリーキャッシュフローはプラスであることが望ましいの

ですが、将来に向けた投資を拡大している成長段階の企業などは、投資キャッシュフローのマイナスが大きくなり、フリーキャッシュフローがマイナスになることもあり得ます。

　企業も人と同じく、生まれて成長し、成熟し、衰退していくという一連の流れがあるという考えのもと、事業にはライフサイクルがあるという考え方があります。それを前提にした理論として、Dickinson（2011）は、キャッシュフローの変化（プラス・マイナス）に着目し、営業キャッシュフロー、投資キャッシュフロー、財務キャッシュフローの符号に基づいて企業のライフサイクルを5つに分類しました。導入期、成長期、成熟期、変革期、衰退期です。

図表2-8 **企業のライフサイクルとキャッシュフロー**

	営業キャッシュフロー	投資キャッシュフロー	財務キャッシュフロー
創業期	−	−	＋
成長期	＋	−	＋
成熟期	＋	−	−
変革期	＋／−	＋／−	＋／−
衰退期	−	＋	＋／−

出典：Dickinson（2011）をもとに筆者作成

創業期：事業が稼働したばかりのため営業キャッシュフローはマイナス。しかし、今後の成長のための投資が積極的になされるため、投資キャッシュフローもマイナスとなります。投資実行には資金調達が欠かせないため、財務キャッシュフローはプラスになります。

成長期：事業が順調に稼働し営業キャッシュフローはプラス。成長のため設備投資を資金調達によって実施することから投資キャッシュフローはマイナス、財務キャッシュフローはプラス。

成熟期：事業の安定稼働で営業キャッシュフローはプラス。この成熟期では、投資家への還元などにより財務キャッシュフローはマイナスに転じます。

変革期：成長に陰りが出て、既存のやり方からの変革や競合への対応な

どで、キャッシュフローは流動的になります。

衰退期：事業の下降局面のため営業キャッシュフローはマイナスに。新たな設備投資の必要性も低いため、投資キャッシュフローはプラスになります。

このように、キャッシュフローに着目することで、ライフサイクルという観点からみた企業ステージ、そしてその会社の経営判断や変化を読み解くことが可能です。ただし、キャッシュフローは業種による特性の違いが大きく表れやすいため、異なる業界間で見比べる場合には、注意が必要です。

以上のように、ユニ・チャームは、商品のコモディティ化という点からも、キャッシュフローの特徴からも、「成熟期」の企業であり、すでに成長期を過ぎていると見られても不思議はありません。投資家がそう判断すれば、今後の成長への期待は薄れ、投資家の評価が下がっていくステージに入っているはずです。

しかし、投資家がユニ・チャームにはまだ成長性が高いと評価しているからこそ、同社のPBRは高水準を維持していると言えます。ユニ・チャームは、商品や企業の「ライフサイクル」に縛られず、その限界を突破して高収益と成長を持続できると見られているということです。

では、その理由はどこにあるのでしょうか。

しっかり稼ぎ、効率よく投資

キャッシュフローの特徴に関して言えば、ユニ・チャームは株主還元に積極的なことなどから（後述）、財務キャッシュフローがマイナスになり「成熟期」の特徴を示しているものの、実は投資家からは今後も持続的に成長する企業だと判断されているのだと思われます。

ここでユニ・チャームのキャッシュフローをもう少し詳しく見てみま

しょう（図表2-9）。営業キャッシュフローは1,000億円前後のプラスを続けており、投資キャッシュフローのマイナスを大きく上回っています。つまり、外部からの資金調達に頼らず、営業キャッシュフローの範囲内で成長投資をして業績を伸ばし、フリーキャッシュフローのプラスの一部を財務キャッシュフローの支出（マイナス）に充てています。財務キャッシュフローのマイナスには、金融機関への借入金の返済や、株主に対する配当金の支払い、自社株買いなどが含まれます。

図表2-9 ユニ・チャームのキャッシュフロー内訳

(億円)

	2017年12月期	2018	2019	2020	2021	2022	2023
営業キャッシュフロー	980	1,108	849	1,502	1,052	922	1,624
投資キャッシュフロー	-387	-1,134	-692	-416	-798	-71	-675
うち有形固定資産・無形固定資産の取得	-325	-434	-440	-355	-346	-329	-384
うち子/関連会社株式の取得		-586	−	-1	-3	−	-111
フリーキャッシュフロー	593	-25	157	1,085	254	850	948
財務キャッシュフロー	-305	-277	-230	-352	-451	-616	-670
うち配当金の支払い	-127	-220	-176	-267	-299	-317	-308
うち自社株買い	-140	-155	-150	-71	-160	-170	-170

出典：ユニ・チャーム決算資料をもとに筆者作成

営業キャッシュフローをしっかりと稼ぎ出していると同時に、投資キャッシュフローのマイナスをうまくコントロールしている企業は、「成熟期」に入ってからも成長を続けていくことがしばしばあります。投資効率の高い経営を実現することによって、「企業の成長の法則」を乗り越えていると見ることもできます。

ユニ・チャームの近年のキャッシュフローは図表2-10のようなイメージです。2022年と2023年はフリーキャッシュフローのプラスが財務キャッシュフローのマイナスを上回り、キャッシュが積み上がっています。

実は、本書で取り上げている企業の多くが、ユニ・チャームと同じように、営業キャッシュフローがプラス、投資キャッシュフローがマイナス、財務キャッシュフローがマイナス、そしてフリーキャッシュフロー

はプラスのタイプです。ビジネスモデルが確立し、安定稼働している企業であることから、キャッシュフローのタイプは「成熟期」であるものの、企業独自の強みや優れた戦略によって成長を持続しており、今後の企業価値上昇の期待も高い企業と言えるでしょう。

図表2-10 ユニ・チャームのキャッシュフローのイメージ

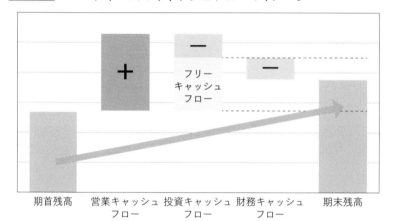

期首残高　営業キャッシュフロー　投資キャッシュフロー　財務キャッシュフロー　期末残高

出典：筆者作成

営業利益率はライバルの約3倍

　ユニ・チャームの営業キャッシュフローが潤沢な理由は、言うまでもなく収益性の高さにあります。ここで同社の損益計算書を見てみましょう（図表2-11）。

　2023年12月期は、売上高9,418億円、営業利益1,307億円（コア営業利益は1,280億円）を計上しています。

　営業利益率は13.9％に達し、花王の3.9％、ライオンの4.7％を圧倒しています。当期純利益率を見ても、ユニ・チャームは9.1％で、花王の2.9％、ライオンの3.4％を大きく引き離しています。

　ユニ・チャームはコモディティ化しやすく価格競争により薄利になりがちな日用品のメーカーでありながら、高付加価値化を実現して、収益

図表2-11 ユニ・チャームの連結損益計算書（2023年12月期）

	金額（億円）	%
売上高	9,418	100.0
売上原価	5,902	62.7
売上総利益	3,515	37.3
販売費および一般管理費	2,235	23.7
うち販売促進費	293	3.1
うち広告宣伝費	208	2.2
うち人件費	491	5.2
うち研究開発費	98	1.0
その他の収益	86	0.9
その他の費用	59	0.6
営業利益	1,307	13.9
金融収益	66	0.7
金融費用	50	0.5
税金等調整前当期純利益	1,323	14.0
法人税等	343	3.6
親会社に帰属する当期純利益	860	9.1

出典：ユニ・チャーム2023年12月期有価証券報告書をもとに筆者作成

性を高めることができているのです。

　同社は今後の目標として、2030年のコア営業利益率17.0%を掲げています（図表2-12）。また、それを実現するまでの過程として中期経営計画を開示しており、2026年12月期のコア営業利益率15.8%を目標としています。

図表2-12 ユニ・チャームの財務目標とこれまでの実績

	2021年12月期	2022	2023	2026目標	2030目標
売上高（億円）	7,827	8,980	9,418	11,500	14,000
コア営業利益率（%）	15.6	13.3	13.6	15.8	17.0
ROE（%）	13.8	11.5	13.1	15.0	17.0

出典：ユニ・チャーム決算資料、中期経営計画をもとに筆者作成

「本業多角化、専業国際化」で世界中の収益機会を得る

　ユニ・チャームの収益力の高さの背景には、同社の事業展開に関する考え方があります。同社は以下のように説明しています。

　「当社は、経営資源をコアコンピタンスである不織布・吸収体の加工・成形技術に集中させ、その中で差別性が高いものに特化することで、高付加価値な商品・サービスの開発に成功しています。このような本業の中でも、国境を越えられるだけの差別性のあるものを専業と位置づけ、積極的に海外に進出することで『本業多角化、専業国際化』を実現しています」

　「本業多角化」とは、同社の強みである不織布・吸収体の加工・成形技術を活用し、新たな価値を幅広く生み出す戦略です。不織布・吸収体関連事業に経営資源を集中させ、ニーズにきめ細かく応える商品を市場へ数多く投入しています。

　不織布・吸収体の加工・成形技術という大元は同じではあるものの、それをいろいろな種類の商品に応用して展開することで、「人のライフステージ」を広くカバーすることを可能にしています。

　商品ターゲットは、赤ちゃんからお年寄りという幅広い年齢層、そしてペットも含めて、バランスよく展開しています。新生児のときは紙おむつを使用し、女性の場合は欠かせない生理用ナプキンを使い、出産した場合には子供に紙おむつを使用し、年齢を重ねた後は大人向けケア商品を使用する。ペットを有する方はペットケア商品を使用する。

　このように人のライフステージを幅広くカバーする事業展開によって人口動態や市場変化の影響を極小化し、持続的な収益性の維持を実現しています。

　一方で、「専業国際化」とは、海外に大きな収益機会がある商品を選んで、世界へ市場を拡大させることです。日本のように高齢化が進んでいる先進国では、高齢者や大人向けのケア商品の需要が高まり、一方で

図表2-13 人のライフステージとユニ・チャームの事業展開

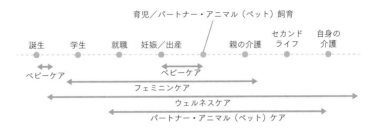

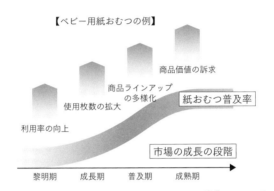

出典：ユニ・チャームHP資料

新興国では、衛生問題の課題解決につながる生理用品が大きく伸びる余地が存在します。

　この点に関してユニ・チャームでは、「不織布・吸収体商品の普及率はその国の1人当たりGDPの水準と大きく関係しており、当社では、1人当たりGDPが3,000ドルを超えると生理用品やベビー用紙おむつの普及が一気に進み、さらに1人当たりGDPが高まっていくと生理用品やベビー用紙おむつの普及率が高止まりする一方で、大人用紙おむつやペットケア用品の普及が拡大すると考えています」と分析し、マクロ経済の動向を踏まえながら戦略を立てています。

　市場の成長ステージが異なる国・地域を横断して、それぞれの国や地域が抱える課題やニーズに合う商品を段階的に取りそろえることによって、低価格競争、薄利多売を避け、高い収益性を維持できる可能性が高

まります。つまり、市場のニーズを的確にくみ取った商品を投入し、他社製品との差別化を図り、コモディティ化による利益率の低下を回避してきたところに、ユニ・チャームの収益力の高さの秘密があると言えます。

　このようにユニ・チャームは、経営資源を不織布・吸収体の加工・成形事業に集中させ、その中で差別性、収益性の高いものは海外へと広げる「本業多角化、専業国際化」を展開して成功してきました。

　花王やライオンは、ユニ・チャームと同じくドラッグストアで日用品を販売しているものの、商品ラインナップは幅広く、総花的な経営となっています。一方で、ユニ・チャームは、商品により用途は異なりますが、不織布・吸収体を用いた商品に絞っているのです。不織布・吸収体をコアとして、そこから派生する製品をターゲットや特性別にセグメント分けして開発し、世界各国に展開しています。

　ここまで説明してきたライフステージ戦略として強調したいのは、市場ステージの異なる国・地域で、現地のニーズに合う商品展開をしていることです（後述）。それを徹底することによって、商品の高付加価値による収益性維持が実現できているのです。

横展開のポイント②
ノンコア事業を売却して不織布・吸収体関連に集中

　実は、ユニ・チャームの祖業は現在の主要事業と全く異なっています。事業転換によって、現在の事業構成になったのです。

　ユニ・チャームは、1961年に建築資材の製造・販売で創業しており、当時の社名は「大成化工」でした。1963年には生理用ナプキンの製造・販売を開始し、1974年には生理用タンポン分野にも進出。同年に現在の社名であるユニ・チャームになりました。その後、今のユニ・チャームのコアとなる不織布・吸収体関連の事業を拡大させ、1976年に上場しました。

　1980年代後半から1990年代には、海外展開を開始してアジア地域を強化すると同時に、さまざまな新事業にも乗り出し、幼児教育事業や結

婚情報サービス事業、リゾート事業なども展開していました。

　しかし2000年代に祖業であった建材事業を含めてノンコアと判断した複数の事業を売却し、不織布・吸収体関連の事業に経営資源を集中させました。大胆に事業ポートフォリオの再編を図り、現在のユニ・チャームへの変貌を遂げたのです。コア事業以外の撤退は、創業者の高原慶一朗氏から経営を引き継いだ、長男の高原豪久社長による決断でした。

　ただし、この頃に開始したペット事業は、同社のコアと親和性があったため、今日まで成長を支えています。1986年に多角化の一環として開始し、1998年に味の素ゼネラルフーヅからペットフード事業を吸収しました。2011年には米国ペット用品大手ハーツ・マウンテンを買収し、事業拡大を図りました。

　その後、ユニ・チャームはグローバルな成長を加速させていきます。今ではアジア以外にも、アフリカや南米などの成長市場に参入しています。

高付加価値化のポイント①
所得が上昇する国々への展開で価格競争を回避

　ユニ・チャームの成長は、海外事業が牽引しています。2023年12月期には売上高の約66%を海外事業が占めています。海外事業比率は年々増加傾向にあります（図表2-14）。

　なかでも、アジア主要国（中国、インド、インドネシア、タイ、ベトナム）は、日本を上回る非常に高い成長を実現している地域です。これらの国々では、経済成長に伴う所得上昇により、高付加価値化による単価の上昇、普及率上昇による紙おむつ・生理用品などの使用枚数の増加が、中期的にも十分に見込めると言われています。

　ユニ・チャームは、中国市場への依存度が高すぎず、国・地域に極端な偏りが小さい点も特徴的であると言えます。かつては中国での販売額が大きかったものの、中国市場は数多くの現地メーカーの参入や価格競争の激しさから成長が見込みにくいとして、中国依存からの脱却を早く

から進めていました。一方で、1人当たり国内総生産（GDP）が伸び、今後の成長を見込めるインドやアフリカ、南米などの新興市場を強化してきています。

図表2-14 ユニ・チャームの地域別売上高

※2015年までは日本基準、それ以降はIFRS

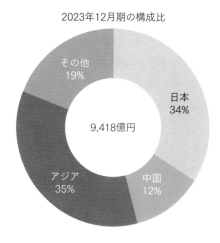

2023年12月期の構成比

出典：ユニ・チャーム決算資料をもとに筆者作成

図表2-15 事業別の展開地域とシェア ◎はシェアNo.1を示す

	アジア							
	日本	中国	台湾	韓国	タイ	インドネシア	マレーシア	シンガポール
ウェルネスケア（大人用排泄ケア用品）	◎	○	◎	○	◎	◎	○	○
フェミニン関連（生理用品）	◎	○	◎	○	◎	◎	○	○
ベビーケア（ベビー用紙おむつ）	◎	○	○	○	○	◎	○	○
Kireiケア関連（おしりふき・化粧用パフ等）	◎	○	○	○	○	○	○	○

	アジア				オセアニア	中東・アフリカ		南米
	フィリピン	インド	ベトナム	ミャンマー	オーストラリア	サウジアラビア	エジプト	ブラジル
ウェルネスケア（大人用排泄ケア用品）	○	○	◎	○	○	◎	○	○
フェミニン関連（生理用品）	○	○	◎	◎		○	○	
ベビーケア（ベビー用紙おむつ）	○	○	◎	○	○	◎	○	○
Kireiケア関連（おしりふき・化粧用パフ等）			○		○			

出典：ユニ・チャームグループ統合レポート2024をもとに筆者作成

高付加価値化のポイント②

海外展開における勝ちパターン

アジアなどの経済成長は市場開拓のチャンスですが、海外展開を成功させるのは簡単ではありません。世界の幅広い地域でユニ・チャーム製品が生活者から高い評価を得ている背景には、「勝ちパターン」があると同社は言います。

図表2-16 海外展開の勝ちパターン

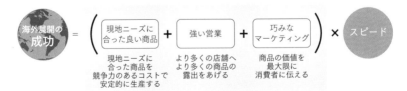

出典：ユニ・チャームHP

　ユニ・チャームは、海外展開に当たり、国内のベテラン人材、エースの人材を派遣し、国内で成功したビジネスモデルの水平展開を行っています。「ユニ・チャームウェイ」を体現している本社のエース人材を現地のリーダーとして送り、ユニ・チャームの考え方や勝ちパターンの移植を任せながら、現地への権限移譲を進め、スピード感を持ったマーケティング活動や製品開発に取り組める体制を整えています。

　勝ちパターンの「現地ニーズに合った良い商品」「強い営業」「巧みなマーケティング」による海外向けローカライズの成功例として、紙おむつや生理用品でシェア1位を獲得しているインドネシアがあります。

　ユニ・チャームがインドネシア市場に本格的に参入したのは、1997年に合弁会社 PT Uni-Charm Indonesia（現PT UNI-CHARM INDONESIA Tbk）を設立してからです。日本では紙おむつは大容量パックでの販売が当たり前ですが、当時のインドネシアでは、給料の支払い形態として「週払い」も珍しくなかったことから、現地の家計や生活スタイルを踏まえて、小分けパックにして、紙おむつ1枚ごとの少量包装商品を販売することで好評を得ました。

　また、インドネシア全土に販売網を構築するために、「ワルン」と呼ばれる路地裏の路面店やパパママストアも含めて、現地社員と連携したローラー営業によって販売チャネルを開拓しました。大型スーパーよりも圧倒的な店舗数のあるワルンで販売したことにより、ユニ・チャーム製品が消費者の目に留まるようになり、シェア拡大を実現しました。ワルンを通じて消費者と直結する販売網を構築することで、インドネシアでは高級品だった紙おむつを中・低所得者にまで広げたのです。ユニ・チャームブランドとその商品価値を浸透させた巧みなマーケティングとも言えます。

　インドネシアでの成功は、消費者への訪問を通じた生活実態やニーズの把握、買いやすい価格にするための機能の絞り込み、購入実態に合致した袋入数・パッケージの開発、現地の流通チャネルに合致した営業活動の展開など、「海外展開の勝ちパターン」が発揮された結果と言えるでしょう。

　また、サウジアラビアでは、宗教上の理由で男女が同じ場所で働くのが難しい中、女性だけが働く紙おむつ工場を2012年に稼働させ、女性の雇用拡大・就労機会の提供と共に、現地の消費者に受け入れられ、米P＆Gを抜いて紙おむつのシェアトップとなっています。現地の事情をくみとった細やかな対応によって、商品価値やブランドを伝えることに成功したのです。

　近年では、マレーシアでのデング熱対策の蚊よけ成分配合の紙おむつ、中国、タイ、インドなどでの温感・冷感タイプや抗菌シートを使用した生理用品の発売といった、現地主導での高付加価値製品の開発を進めています。

　それぞれの現地事情をよく理解してニーズに合った商品を提供し、強い営業と巧みなマーケティングを組み合わせる「海外展開の勝ちパターン」によって、成長性の高い海外市場の取り込みを実現しています。

　海外展開において近年では、デジタル技術を活用して顧客視点に立った売り場づくりを小売店に提案することにより、商品の価値を最大限に伝えていくこともポイントになっています。情報技術やグローバル化が進んだ環境の中で勝ち残るため、よりスピードを意識するとともに、試行錯誤のサイクルを俊敏に回し、環境変化に合わせて「勝ちパターン」を修正しながら、海外の各地域に移植させて横展開しているのです。

　なお、ユニ・チャームは生産拠点も海外各国に多数展開しています。地域によって、直接参入と技術供与の2つのモデルを使い分けています。アジア、中東、北アフリカといった成長期にある地域では、積極的に経営資源を投入して自社で生産・販売しているほか、各国の現地法人に権限委譲を進め、消費者の変化やニーズに迅速に対応しています。一方で、北米や欧州など市場が成熟化した地域では、ユニ・チャームの技術をライセンス供与することによる必要最小限の投資で収益を確保しているところもあります。この点にも、地域ごとの成長ステージを意識した海外展開の戦略が見られます。

盤石な財務安定性

　ユニ・チャームの成長性・収益性は、財務安定性によって支えられています。ここで同社の貸借対照表を見てみましょう。

　総資産は約1.1兆円で、うち事業に関わる土地、建物、機械設備といった有形固定資産が2,856億円あります。海外展開のために積極的にM&Aを行う企業は多額ののれんを計上していることがありますが、ユニ・チャームはそれほど大型のM&Aは多くないため、多額ではありません。

図表2-17　ユニ・チャームの連結貸借対照表（2023年12月期）

	金額（億円）	%		金額（億円）	%
流動資産	6,389	56.4	流動負債	2,700	23.8
うち現金及び現金同等物	2,537	22.4	うち仕入債務	1,688	14.9
うち売上債権	1,515	13.4	うち借入金	149	1.3
うち棚卸資産	1,029	9.1	固定負債	753	6.6
固定資産	4,947	43.6	うち借入金	135	1.2
有形固定資産	2,855	25.2	負債合計	3,453	30.5
無形資産	957	8.4	純資産	6,957	61.4
投資その他の資産	1,134	10.0	うち利益剰余金	7,107	62.7
資産合計	11,336	100.0	負債・純資産合計	11,336	100.0

出典：ユニ・チャーム2023年12月期有価証券報告書をもとに筆者作成

　財務安定性を見る指標を見ても、ユニ・チャームは優等生です。借入金は非常に少なく、自己資本比率は60％を超えています。

　有利子負債と自己資本のバランスを見る指標であるD/Eレシオ（負債比率）も、非常に良好です。D/Eレシオは数値が低いほど財務が健全で安定性が高いと言えますが、ユニ・チャームのネットD/Eレシオはマイナスです（ただし、大型のM&Aや設備投資を戦略的に行っている企業などは、この指標が低いから「健全」と言えるわけではないため、注意が必要です）。

D/Eレシオ（倍）＝ 有利子負債 ÷ 自己資本

ネットD/Eレシオ ＝（有利子負債 － 手元現預金）÷ 自己資本

図表2-18 ユニ・チャームの安定性に関する財務指標

	2018年 12月期	2019	2020	2021	2022	2023
D/Eレシオ（倍）	0.09	0.17	0.15	0.14	0.09	0.08
ネットD/Eレシオ（倍）	-0.33	-0.27	-0.44	-0.39	-0.38	-0.40
自己資本比率（%）	55.5	54.8	55.2	56.5	59.0	61.4

出典：ユニ・チャームIR資料、SPEEDAをもとに筆者作成

23期連続増配を達成した株主還元の安定継続

　企業価値を高めるためには、株主還元の観点を忘れてはいけません。

　これまで述べてきたように、ユニ・チャームは、盤石な財務体質による「安定性」に、着実に成長し続ける「成長性」が加わり、さらに継続した高水準の「収益性」を確保することで、潤沢なキャッシュフローを創出しており、これが株主還元の源泉となっているのです。

　ユニ・チャームは株主還元政策として、配当金と自己株式取得を組み合わせた「総還元性向」の目標を50%としており、その水準を維持してきました（図表2-19）。総還元性向は、企業が1年間に稼いだ純利益の総額に対して、どれだけの株主還元を行ったかを示す指標で、下記のように算出されます。

$$総還元性向 ＝ \frac{配当金額＋自社株買い金額}{（親会社株主に帰属する）連結当期純利益}$$

　日本企業の総還元性向は、TOPIX500採用銘柄で見ると中央値は29.4%（2013年）から43%（2022年）に上昇しています（大和総研のレポートより）。よって、ユニ・チャームが極めて高いというわけではありませんが、ユニ・チャームの株主還元実績が投資家からの評価につ

ながっていることは間違いないと思われます。

　ユニ・チャームは第12次中期経営計画（2024〜2026年度）におい
て、「創出した営業キャッシュフローは、持続的な成長を重視し資本コ
ストを上回るリターンを継続的に上げることができる成長投資を優先
し、同時に中長期的な連結業績の成長に基づいた株主還元との両立を図
る」としています。

図表2-19 ユニ・チャームの株主還元政策

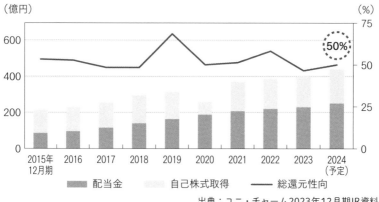

出典：ユニ・チャーム2023年12月期IR資料

　ユニ・チャームは増配を長年にわたって続けていることでも特筆に値
します。2024年12月期の配当金は年間44円を予定しており、これは
23期連続の増配となります。この長期連続増配は国内で有数の記録と
なるものです。

　増配を続ける大前提は、増配できるだけの利益を十分に確保すること
です。これは投資家から一般的にポジティブに捉えられる特徴であり、
ユニ・チャームは増配に対してこだわりを持っていると思われます。

　ユニ・チャームグループ行動指針である"信念と誓い"と企業行動原則
（1999年制定）の中には、「私たちは、株主の信頼に応える成長を維持
し、業界一級の利益が還元できるような、企業経営に努めます」と、株

図表2-20 ユニ・チャームの1株当たり配当金推移

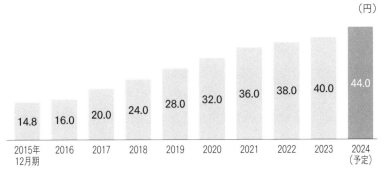

（円）

14.8　16.0　20.0　24.0　28.0　32.0　36.0　38.0　40.0　44.0

2015年
12月期　2016　2017　2018　2019　2020　2021　2022　2023　2024
（予定）

出典：ユニ・チャーム2023年12月期IR資料

主への誓いを明記しています。

　日本企業の株主還元意識は高まってきましたが、ユニ・チャームはいち早くその実行に取り組んできた企業の1社です。この行動指針と合う一貫した姿勢を示すためにも、増配などの株主還元方針を貫き続けているのではないでしょうか。

配当金と自己株式取得が株価に与える影響

　企業が稼いだ利益を株主に還元する株主還元は、株主へ支払われる「配当金」と、企業が実施する「自己株式取得」が代表的なものと言えます。

　配当金は、すべての株主に一定金額を返還するものです。そして、自己株式取得とは、企業がキャッシュを支払って、市場から自社の株式を買い戻すことであり、日本では1994年に解禁されて以降、規制緩和もあり、実施は増加傾向にあります。

　最近は、日本企業の株主還元意識が高まっており、上場企業の2024年3月期の配当総額は16兆円と過去最高となる見通しです。自己株式取得については2023年で9.6兆円の株主還元が行われており、これは2年連続で過去最高となっています（日本経済新聞による2023年12月24

日、2024年1月31日データ）。

　配当金と自己株式取得は、どちらも株主から預かっている資金（過去に蓄積した利益）を株主に返還するという点では同じです。

　Modigliani and Miller（1958）のＭＭ理論（配当無関連命題）では、配当も自社株式取得も、理論上は株価に影響を与えないとされていますが、これは完全市場であることが前提にあります。

　完全市場というのは、簡単にいうと、税金や株式の取引費用などは存在しない環境のことです。そして、企業も投資家も株式市場におけるあらゆる情報を利用できる状態にあり、投資家と経営者のそれぞれが把握している情報に違いがない（「情報の非対称性」がない）ことを前提としています。

　しかしながら、現実の社会は、税金や取引コストもあり、完全市場とはなっていません。

　ＭＭ理論およびその前提を踏まえると、完全ではない現実の市場においては、「配当政策を検討することでその企業価値に影響を与えるかもしれない」「自己株式を取得することでROEを改善すれば企業価値が上がるかもしれない」と考えられることになり、配当や自社株式取得は株価に影響を与えています。

　自己株式取得をすると株価が上がると言われる理由の１つは、自社株買いをするという企業の行動から投資家が様々なメッセージを読み取り、それが結果的に株価に影響を与えることです。

　例えば、ある企業が自社株式取得をすると、投資家はその企業の経営陣が「現在の株価は実力に比べて低すぎると考えている」というメッセージを発していると受け取り株を購入するため、株価が上昇するといわれています。これをアナウンスメント効果と呼んでいます。

　また、ファイナンス理論的には、有利子負債を増加させ、この資金によって自社株式を取得した場合、有利子負債の金利が増加し、金利を支払うことによる節税効果によってキャッシュフローが増加し、結果として企業価値は増加する面も考えられます（資本構成を最適化しようとするアプローチ）。

　また、増配には「その企業は将来の収益拡大が見込まれる」「その企業の経営陣には自信がある」というメッセージが表れていると考えられており、株価が上がることにつながります。減配の場合は、「その企業の経営陣が将来の収益低下を見込んでおり、自信を失っている」というメッセージと受け取られ、株価下落につながると考えられます。

　したがって、株価の下落を避けるためには、配当金はある程度長期間の収益見通しに基づいて、基本的には緩やかな増配を継続することが望ましいと考えられています。ユニ・チャームの配当方針はその方向性に沿っていると言えます。

　企業価値を向上させるために最も重要なことは、収益力を高めて成長していくことであり、増配や自社株式取得の株主還元策は、それ自体が企業価値を直接的に高めるものではありません。しかしながら、ここで述べたように、それぞれの株主還元の方針は、株価に一定の影響を与えます。したがって、将来の投資機会や資金調達計画を考慮した上で、適切な株主還元の方針を考え実行していく必要があります。

　投資家が企業を評価する際の重要な要素として、成長性・収益性・安定性・株主還元があります。ここまで述べてきたことからわかるように、ユニ・チャームはそれらの要素が総合的に優れていると考えられます。上場企業に求められることを抜かりなく実行していると言ってもいいでしょう。

　投資家は企業に価値向上を求めます。ユニ・チャームは「勝ちパターン」を磨き、財務指標の目標を掲げ、投資家の期待に応えてきました。安定的な財務体質と潤沢なキャッシュフローを基盤として成長市場への投資を続け、コア事業への集中と的確なマーケティングによって資本効率を高めています。事業で得た利益を再投資するサイクルが効率良く回転し、継続的な株主還元を可能にしています。

　成熟化した日用品メーカーでありながらも、それを打ち破る成長を実現しているユニ・チャームは、多くの日本企業にとって価値向上のヒン

トとなるのではないでしょうか。

参考文献

<書籍・論文>
- 二神軍平(2009)『ユニ・チャームSAPS経営の原点―創業者高原慶一朗の経営哲学』ダイヤモンド社
- 高原豪久(2014)『ユニ・チャーム共振の経営:「経営力×現場力」で世界を目指す』日本経済新聞出版
- 西山茂(2018)『ビジネススクールで教えている会計思考77の常識』日経BP
- 矢部謙介(2018)『武器としての会計ファイナンス『カネの流れ』をどう最適化して戦略を成功させるか?』日本実業出版社
- 西山茂(2019)『「専門家」以外の人のための決算書&ファイナンスの教科書』東洋経済新報社
- 大津広一(2022)『企業価値向上のための 経営指標大全』ダイヤモンド社
- 長谷川忠史(2022)『生活消費財産業で時価総額3兆円企業に国際化進めた ユニ・チャーム急成長の軌跡』銀河書籍
- Modigliani, F. and M. H. Miller (1958), *The Cost of Capital, Corporation Finance and the Theory of Investment, American Economic Review*, Vol. 48 (June 1958)
- Brealey, Richard A., Myers, Stewart C., Allen, Franklin (2010), *Principles of corporate finance* 10th Edition, McGraw-Hill Irwin (藤井眞理子, 國枝繁樹監訳 (2014)『コーポレート・ファイナンス. 上』日経BP)
- Victoria Dickinson (2011), *Cash Flow Patterns as a Proxy for Firm Life Cycle.*, The Accounting Review 1 November 2011; 86 (6)

<有価証券報告書・決算短信・統合報告書・その他公開資料>
- ユニ・チャーム
- 花王
- ライオン

<ウェブ資料>
- 日本経済新聞「ユニ・チャーム、インド・アフリカ照準　中国からシフト 伸びる新興国おむつ市場、シェア3割狙う」2021年2月16日
- 日本経済新聞「化学業界でPBRが高い銘柄　化粧品・日用品が上位　日本株番付」2023年6月7日
- 大和総研「株主還元比率を明示した配当政策が広まる」2023年9月25日

・日本経済新聞「企業の配当最高16兆円　24年3月期、家計に3兆円効果」
　2023年12月24日
・日本経済新聞「自社株買いが過去最高の9.6兆円、背景は？」　2024年1月31日

第 **2** 部

ビジネスモデルの創造

第 **3** 章

神戸物産

「業務スーパー」という独自モデルで
圧倒的パフォーマンス

独自ポジショニング

×

スケーリング

創業20年で全国1,000店

　みなさんは、神戸物産という会社をご存じでしょうか。神戸物産という社名は聞いたことがなくても、同社がチェーン展開している「業務スーパー」という食品スーパーマーケットは知っている方が多いかもしれません。すでに店舗数は全国1000店舗を突破していて、よく買い物をするという方も多いのではないでしょうか。

　1,000店という店舗数は、スーパーとしてはトップクラスの水準です。イオングループのまいばすけっとは約1,000店、ライフは約300店、ヤオコーや成城石井は約200店ですから、業務スーパーの店舗網の広がりがわかると思います。創業から20年余りで店舗数を一気に増やし、現在も成長中です。

図表3-1 業務スーパーの店舗数推移

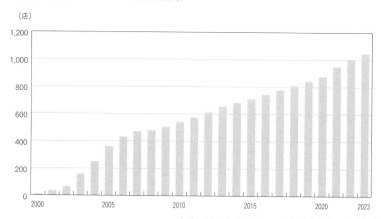

（店）

出典：神戸物産有価証券報告書をもとに筆者作成

　業務スーパーは広告宣伝を積極的には行っていないこともあり、一般的な知名度はそれほど高くありませんが、株式市場における同社の人気は非常に高いものがあります。株価はこの10年で約10倍に上昇しまし

た（調整後終値ベース）。

PBRは、2024年5月15日時点で、6.76倍です。食品スーパーを展開する3社と比較すると、圧倒的に高く、投資家から高い評価を受けていることがわかります。

図表3-2 神戸物産の株価推移

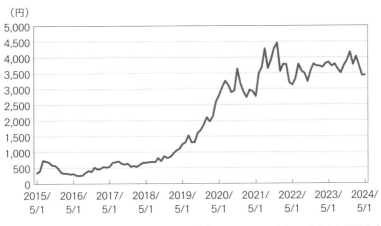

出典：Yahoo!ファイナンスをもとに筆者作成

図表3-3 食品スーパーのPBR比較（2024年5月15日時点）

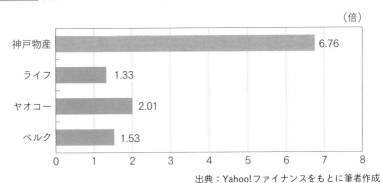

出典：Yahoo!ファイナンスをもとに筆者作成

ユニクロ、セブン-イレブン、コストコとの共通点

なぜ、神戸物産は、投資家から高い評価を受けているのでしょうか。業績が好調に推移してきたことは言うまでもありません。

図表3-4のグラフは、過去5年のスーパーの売上高の推移です。食品スーパー業界は、新型コロナ感染症が猛威を振るい、外出自粛が行われた2020〜2021年に売上高を伸ばしましたが、全体としては低成長となっています。そうした中で、神戸物産は、右肩上がりの成長を続け、自粛期間が明けた2022年以降も売上高を伸ばし続けています。

図表3-4 食品スーパーの売上高推移（2019＝100）

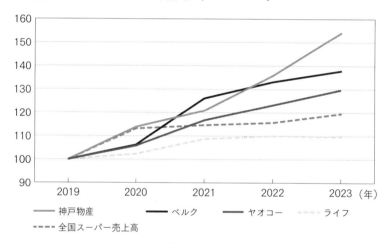

出典：各社決算資料、経済産業省資料をもとに筆者作成

神戸物産の業績を見ると、2023年10月期は、当期純利益が前年を若干下回ったものの、売上高は4,615億円、営業利益は307億円と過去最高を更新しています。売上高はライフの約6割、ヤオコーの約7割ですが、営業利益は2社を上回り、売上高営業利益率は6％を超えています。直近の2年度は、円安の進行や物価上昇による仕入れコストの増加などにより利益率は低下傾向ですが、それでも食品スーパーとしては高

水準です。

　その結果、神戸物産のROEは19.4％と高くなっています（図表 3-6）。また、ROEをデュポンシステムで分解すると（図表3-7）、総資 産回転率（2.35回）と財務レバレッジ（1.85倍）は、他社とほぼ同水準 であるのに対し、売上高当期純利益率の高さ（4.45％）が際立ってお り、これが高ROEの要因であることがわかります。

図表3-5 神戸物産の業績推移

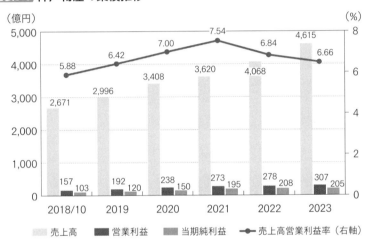

出典：神戸物産有価証券報告書をもとに筆者作成

図表3-6 食品スーパーのROE

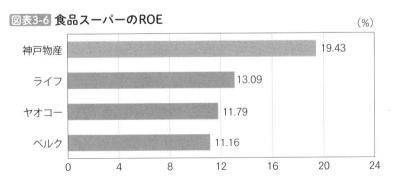

※神戸物産は2023年10月期、ライフとベルクは2024年2月期、ヤオコーは同3月期
出典：各社決算資料をもとに筆者作成

図表3-7 食品スーパーのROEのデュポンシステム分解

ROE（%）= 売上高当期純利益率（%）× 総資産回転率（回）× 財務レバレッジ（倍）

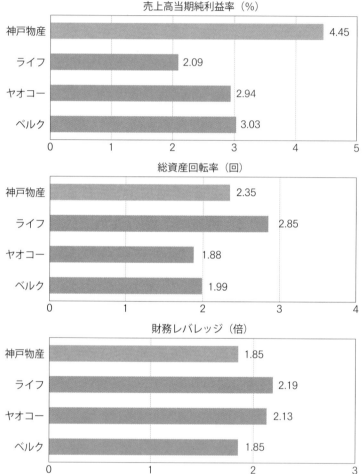

※神戸物産は2023年10月期、ライフとベルクは2024年2月期、ヤオコーは同3月期
出典：各社決算資料をもとに筆者作成

　食品スーパーは成長市場ではありません。人口が減少し、コンビニや
ECとの競合も激しく、苦戦する会社が多い分野です。その中で神戸物
産は、いかにして成長を続け、高収益を維持しているのでしょうか。

その理由を一言で説明すれば、従来の食品スーパーとは違う独自のポジションを取って、顧客の開拓に成功しているということです。その戦略はユニクロ、セブン‐イレブン、コストコ、ワークマンなどと共通するものがあります。好調な企業が採用している戦い方を取り入れることによって、食品スーパーという飽和市場の限界を突き破ったのです。

　独自のビジネスモデルを構築し、事業規模をスケーリングさせた戦略の勝利と言えるでしょう。そのキーワードは「SPA」「FC」「大容量」「プロ向け」です。これらをうまく融合させることで、神戸物産は飛躍的な成長を遂げてきたのです。

独自ポジショニングのポイント①
SPAと独自輸入でPB商品を展開

　それでは業務スーパーの店舗の特徴を見てみましょう。業務スーパーは、そのネーミングからは、飲食店などのプロだけを相手にしているように感じますが、一般消費者も気軽に買い物をすることができ、実際に多く利用されています。プロ向けのようでいて、普通の主婦なども買い物に来る。その点は業務スーパーの独自性の一つです。

　ただし、飲食店の料理人などプロに愛される店は、昔からたくさんあります。業務スーパーは「プロ向け」を志向しながら、一般の消費者も買い物ができるようにして、なおかつチェーン展開したところに革新性があるのです。

　独自のポジションで勝負する上で重要な武器になっているのが、商品の独自性です。業務スーパーは普通のスーパーとはちょっと違います。他のスーパーではお目にかからない商品が並んでいます。プライベートブランド（PB）の商品が豊富なのです。

　同社のPBとして有名なものに、「牛乳パックスイーツ」があります。その名の通り、1リットルの牛乳パックに、ゼリーやプリンなどが8人分相当も入っている商品です。見た目にもインパクトがあり、メディアやSNSでもよく紹介されます。

　また、玉ねぎやじゃがいも、ブロッコリーなどのカット野菜の冷凍食

品も有名です。やはり大容量のパッケージングで、皮をむき、適当な大きさにカットされ、下ごしらえまでを行った半加工品の形で売られています。

　さらに、神戸物産は、「世界の"本物"を直輸入」として、自前のバイヤー部隊による独自ルートでの輸入にも積極的に取り組んでいます。ここにおいても、「大容量によるお買い得さ」や「手間いらず」にこだわった商品選定をしています。

　その一例がタピオカです。2018年からのタピオカブーム時には同社の冷凍タピオカが有名になり、株式市場で「タピオカ銘柄」として注目されました。タピオカは通常、乾燥した状態で売られていて、食べるためには湯掻いて戻す必要があります。しかし、業務スーパーは、湯掻いたものを冷凍食品として販売しています。解凍するだけで食べられるようにしたのです。

　こうしたPB商品の充実が業務スーパーの特徴で、売上高に占めるPBの比率は、2023年8－10月期で34.6％（国内生産PB11.1％、輸入PB23.5％）と、3分の1を超えています（同社2023年10月期決算説明会資料）。

　PBは、イオングループが展開する「トップバリュ」や、セブン＆アイ・ホールディングスが展開する「セブンプレミアム」などが有名です。一般に、PB商品は大手メーカーが開発・生産するナショナルブランド（NB）商品よりも割安な価格で販売されることが多いのですが、卸会社を介さないことなどから、利益率は高いとされ、大手小売各社が近年開発・販売に注力しています。食品の販売に占めるPB商品の比率は増加傾向にあり、調査会社インテージの推計値では16.8％まで増加しています（2023年10月・東京都区部）

　一方、デメリットとしては、在庫リスクを小売側が自社で負わなければならないこと、顧客からのクレームへの対応などにもコストがかかることなどが挙げられます。こうしたデメリットを緩和するため、通常、大手小売のPBは、商品企画のみを行い、製造はNBメーカーを含む食品メーカーに委託するケースが多くなっています。PB商品のラベルをよ

く見ると、「販売者」と「製造者」に異なる企業名が記載されていることがありますが、この「販売者」がPBの商品企画・販売を行っている小売業者、「製造者」が小売業者の委託を受けて製品の製造を行っている食品メーカーになります。

しかし、神戸物産は、PBを外部の食品メーカーに生産委託するのではなく、リスクを取って自社生産や自社輸入を行うという独自の戦略を採っています。つまり、神戸物産は、小売業というより、製造小売業（SPA）や輸入商社に近いといえます。

SPAに関しては、有価証券報告書の「設備の状況」（図表3-8）を見ると、子会社を通じて多くの製造設備を保有していることがわかります。

図表3-8 神戸物産の設備の状況（子会社） (百万円)

所有者	所在地	セグメント	設備の内容	帳簿価額
株式会社オースターフーズ	兵庫県姫路市他	業務スーパー事業	製造設備	1,312
株式会社ターメルトフーズ	山口県防府市	業務スーパー事業	製造設備	1,909
株式会社神戸物産エコグリーン北海道	北海道勇払郡むかわ町他	業務スーパー事業	農場事業所	791
秦食品株式会社	滋賀県蒲生郡竜王町	業務スーパー事業	製造設備	6,711
株式会社マスゼン	栃木県宇都宮市	業務スーパー事業	製造設備	559
株式会社肉の太公	東京都江戸川区他	業務スーパー事業	製造設備	839
株式会社麦パン工房	岐阜県瑞穂市他	業務スーパー事業	製造設備	2,139
宮城製粉株式会社	宮城県角田市他	業務スーパー事業	製造設備	6,035
株式会社グリーンポートリー	岡山県苫田郡鏡野町他	業務スーパー事業	製造設備	2,508
珈琲まめ工房株式会社	兵庫県姫路市	業務スーパー事業	製造設備	365
関原酒造株式会社	新潟県長岡市他	業務スーパー事業	製造設備	28
豊田乳業株式会社	愛知県豊田市	業務スーパー事業	製造設備	957
菊川株式会社	岐阜県各務原市	業務スーパー事業	製造設備	550
株式会社朝びき若鶏	群馬県高崎市他	業務スーパー事業	製造設備	1,985
大連福来休食品有限公司	中国遼寧省	業務スーパー事業	製造設備	79
神戸物産（安丘）食品有限公司	中国山東省	業務スーパー事業	製造設備	668
KOBE BUSSAN EGYPT Limited Partnership	エジプトケナ州	業務スーパー事業	農場	352

出典：神戸物産2023年10月期有価証券報告書

　SPAは、ユニクロ（ファーストリテイリング）やニトリ、ワークマンなどが有名です。メーカーが開発した商品を仕入れて販売するのではなく、小売業を営む企業が自ら商品開発を行う形態を指し、様々な業態に拡がっています。独自商品を開発できるという強みがあるうえ、大量生産体制が整えば製造コストを大幅に抑えることが可能です。

　神戸物産は中期経営計画において、自社を「食の製販一体企業」と定義し、さらにPBの強化を図ることを基本方針として掲げています。

独自ポジショニングのポイント②
M&Aによる自社生産拠点の拡充

　神戸物産がSPAを志向した背景には、同社の歴史が関係してきます。

　神戸物産の原点は、現・代表取締役社長の沼田博和氏の父である沼田昭二氏が、1981年に兵庫県加古川市で開業した食品スーパー「フレッシュ石守」に遡ります。

　1980年代の日本の小売業界は、ダイエーに代表される大手総合スーパーの全盛期でした。1950年代に相次いで設立された総合スーパーは、1960〜70年代にかけて店舗網を全国に拡大し、その圧倒的な購買力により、メーカーから価格決定権を奪取するに至ります。

　フレッシュ石守は後発で規模で圧倒的に劣り、大きく先行していた大手と同じ戦略で対抗することはできず、打開策の模索を迫られます。沼田昭二氏は検討の末、大手と差別化できる商品が必要だと考え、1992年、中国・大連に自社グループ工場を設立し、飲食店でメインのメニューに添える漬物などの業務用の副材を中心に生産を開始します。

　さらに2000年、キャッシュ＆キャリー（主にプロ向けに現金で商品を販売し、顧客がそのまま商品を持ち帰る＝配送を行わない）の新業態として、「業務スーパー」1号店を兵庫県三木市郊外の鉄工所跡地に開店します。当初、売上高の7〜8割は小規模飲食店などのプロ、残りを一般消費者と想定し、店名を「業務スーパー」と名付けたそうです。オープン初日に、近所の主婦が店名を見て入りにくそうにしているのを見て、急いで「一般のお客様大歓迎」と看板に書き加えたという逸話があ

ります。

　その1号店をパイロット店として、フランチャイズチェーン（FC）方式による多店舗化をスタートしました。そして圧倒的な安さを武器に急速に店舗数を増やし、2006年には大阪証券取引所第二部に株式を上場するに至ります。

　成長を続ける最中の2008年1月に起こったのが、中国産冷凍ギョーザの薬物中毒事件でした。神戸物産は、事件の元となった餃子を輸入していたわけではありませんが、風評被害により、売上、株価とも低下する事態となります。これを契機に、生産を国内に移す決断をします。M&Aにより国内の食品メーカーをグループに取り込み、国内での生産拠点の拡充を進めました（図表3-9）。

　買収先は、民事再生法の適用や私的整理に追い込まれた企業などが中心でした。つまり業績が悪化していた企業です。M&A後、製品のラインナップの見直し、生産方法の改善などを進めて経営を立て直し、PB

図表3-9 神戸物産がM&Aした企業

グループ入りした時期		社名	製造するPB商品
2006年	7月	神戸物産フーズ	酒類全般の輸入等
2008年	3月	オースターフーズ	京風だし巻き
		ターメルトフーズ	プルコギ
	10月	エコグリーン北海道	ちょっと厚めのハムカツ
2009年	2月	マスゼン	おでん
	3月	秦食品	冷凍讃岐うどん
	5月	肉の太公	こだわり生フランク
		宮城製粉	ぷち大福、おとなの大盛カレー
	10月	麦パン工房	天然酵母食パン
2011年	11月	グリーンポートリー	吉備高原どりもも肉
2012年	2月	珈琲まめ工房	コーヒー豆ラグジュアリッチ
2013年	1月	豊田乳業	牛乳パックデザート
	5月	関原酒造	「群亀」等の日本酒
2014年	4月	菊川	菊川うまい焼酎
2015年	1月	朝びき若鶏	上州高原どりもも肉

出典：加藤鉱（2022）『非常識経営　業務スーパー大躍進のヒミツ』

商品の生産を拡充していったのです。

　前述した「牛乳パックスイーツ」も、M&Aでグループ入りした製造拠点が開発したものです。2013年に買収した乳業メーカー豊田乳業の製造ラインを転用したことで生まれました。賞味期限が短く廃棄のリスクがあり、価格競争も激しい牛乳の生産から撤退する一方で、ペットボトルより5割以上安い原価で作れる牛乳パックを活かして、賞味期限の長い独自商品を提供できないかという沼田昭二氏の発言を皮切りに開発がスタートしました。

　最初の商品は水ようかんでした。素材をうまく凝固させるための原材料の配合や、充填の工程の微妙な調整が必要で、神戸物産の開発者と豊田乳業の技術者が試行錯誤を重ねて商品化に成功したとの逸話があり、同社を象徴するアイテムの1つとなっています。

損益計算書に見るSPAの特徴

　神戸物産の損益計算書を他の食品スーパーと比較すると、SPAの特徴が表れています。同社の損益計算書を見てみましょう。

　2023年10月期は売上高4,615億円に対し、売上原価は4,088億円（売上高対比88.6％）、売上総利益は527億円（売上高対比11.4％）です。販売費及び一般管理費（販管費）は220億円（売上高対比は4.8％）、営業利益は307億円です。つまり営業利益率は6.7％です。これらの比率は、前年度と比較しても、ほとんど変化していません。

　他社と比較すると（図表3-11）、原価率は88.6％と高めである一方、販管費の比率は4.8％と低く、他社とは収益構造が異なっています。これは、メーカーから仕入れた製品を販売するだけでなく、自社でPB商品の企画・製造を行っていることに起因します。そして前述したように、自社工場で大量生産することでコストを下げ、利益率を高めることに成功していると考えられるのです。

図表3-10 神戸物産の連結損益計算書（2023年10月期）

	2022年10月期		2023年10月期	
	金額（百万円）	%	金額（百万円）	%
売上高	406,813	100.0	461,546	100.0
売上原価	360,217	88.5	408,827	88.6
売上総利益	46,596	11.5	52,719	11.4
販売費及び一般管理費	18,776	4.6	22,002	4.8
広告宣伝費	262	0.1	324	0.1
地代家賃	759	0.2	1,066	0.2
運賃	7,504	1.8	8,003	1.7
販売促進費	362	0.1	354	0.1
営業業務委託料	709	0.2	857	0.2
賃金給料及び諸手当	4,051	1.0	4,975	1.1
法定福利費	485	0.1	630	0.1
賞与引当金繰入額	236	0.1	310	0.1
退職給付費用	13	0.0	78	0.0
減価償却費	666	0.2	764	0.2
役員株式給付引当金繰入額	23	0.0	29	0.0
貸倒引当金繰入額	△ 1	△ 0.0	14	0.0
のれん償却額	5	0.0	5	0.0
その他	3,697	0.9	4,586	1.0
営業利益	27,820	6.8	30,717	6.7
営業外収益	4,520	1.1	3,807	0.8
営業外費用	215	0.1	4,554	1.0
経常利益	32,125	7.9	29,970	6.5
特別利益	22	0.0	46	0.0
特別損失	1,122	0.3	61	0.0
税金等調整前当期純利益	31,025	7.6	29,956	6.5
法人税、住民税及び事業税	10,254	2.5	9,610	2.1
法人税等調整額	△ 62	△ 0.0	△ 215	△ 0.0
法人税等合計	10,192	2.5	9,395	2.0
当期純利益	20,832	5.1	20,560	4.5
親会社株主に帰属する当期純利益	20,832	5.1	20,560	4.5

出典：神戸物産2023年10月期有価証券報告書

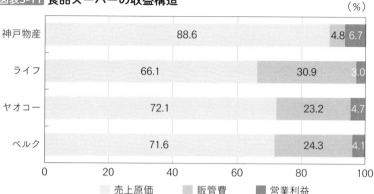

図表3-11 食品スーパーの収益構造

（%）

※神戸物産は2023年10月期、ライフとベルクは2024年2月期、ヤオコーは同3月期
出典：各社決算資料をもとに筆者作成

売上原価と販管費

　損益計算書の営業利益より上に記される費用は、売上原価と販管費に分かれます。

　売上原価は、売上を上げるために直接かかった費用で、個々の商品や製品、サービスに紐づくコストです。商品や製品が売れたとき、仕入れや製造にかかった費用として計上します。小売業では商品の仕入代、製造業では製品の原材料や加工費などが、売上原価に該当します。

　販管費は、売上を上げるために間接的にかかった費用を指し、販売された個々の商品や製品に紐づきません。広告宣伝費や間接部門の人件費や経費、企業全体の管理費などが該当します。

　製造業の場合、製造に携わる従業員の人件費は売上原価で計上され、販売活動に携わる従業員の人件費は販管費で計上されます。

　神戸物産の場合、子会社を通じて工場を持っているので、この工場の製造ラインで働く従業員の人件費や工場設備の減価償却費などは、売上原価として計上されていると考えられます。

　多くの業界で、売上原価と販管費には、逆相関関係（どちらかが高け

れば、どちらかが低い）があると言われています。どちらの費用も抑えて営業利益率を高めることが望ましいのですが、各社が競争をしている中で、どちらの費用も下げ続けることは困難です。

　その中で、売上原価と販管費にどのようなバランスで資金を配分し、営業利益を確保するのかということには、各社のビジネスモデル・戦略が反映されます。

　神戸物産は、販管費を抑え、原材料や製造ラインにコストをかけることで、商品の独自性によって営業利益率を高める戦略を取っていると考えられます。

　神戸物産の財務諸表を分析すると、SPAの特徴のほかにも、他社と異なる同社独自の戦略が見えてきます。

　小売業で重視される指標として「棚卸資産回転期間」があります。これは商品や製品などの在庫（棚卸資産）を売り切るのに、どれだけの期間がかかるのかを表す指標で、以下の計算式で求めます。

棚卸資産回転期間（日）＝ 棚卸資産 ÷ 1日当たりの売上原価

図表3-12 食品スーパーの棚卸資産回転日数　　　　　　（日）

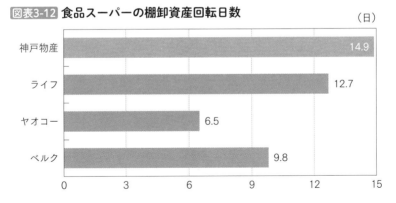

※神戸物産は2023年10月期、ライフとベルクは2024年2月期、ヤオコーは同3月期
出典：各社決算資料をもとに筆者作成

　棚卸資産回転期間は、小売業では、30日以下が一般的な目安とされます。

　他社と比べてみると、ヤオコー、ベルクが10日を切っているのに対して、神戸物産は14.9日と長くなっています。ライフが12.7日と比較的長いのは、回転期間が食品よりも長い生活関連用品や衣料品が売上の12％程度を占めていることの影響と考えられます。

　一般に、在庫をできるだけ早く売るのが食品スーパーの基本であり、各社は回転期間を1日でも短縮するために、サプライチェーンの効率化や、店頭での価格を下げての売り切りも含む販売促進など、大変な努力をしています。

　しかし、業務スーパーは、ここでも通常の食品スーパーと異なる戦略を取っています。賞味期限の長い商品を主力にすることで、商品の回転よりも、廃棄ロスを最小化することを重視しているのです。大容量商品を多くすると廃棄ロスが増加しがちですが、冷凍食品を主体とすることで賞味期限が長くなり、ロスを最小化することができるのです。

　冷凍食品を主体とする神戸物産は、冷蔵ケースを独自に開発しています。食品スーパーで一般的なガラスの扉を開けて商品を取り出す「リーチイン」と呼ばれるタイプは、扉を開け閉めするたびに、元の温度へ戻すための電力を必要とすることに加え、食品へのダメージを与えてしまう可能性があるため使わず、平型のオープンケースに統一しています。

　このオープンケースは、同じく冷凍食品を主体にしている米コストコの店づくりに感銘を受けた沼田昭二氏が、それを参考にしつつ日本人の体格や店の面積に合わせ、メーカーと共同開発したものです。一般的なケースよりも深くして収納力を上げ、商品補充の回数を減らせるようにしています。

　一般に、食品スーパーは生鮮や総菜を集客のキーとして、近隣の顧客に高頻度で来店してもらうことを狙います。商圏は、都市部で徒歩・自転車で約10分以内、地方は自動車で約10分以内とされます。

　しかし、業務スーパーは、大容量で、かつ冷凍などによる消費サイクルの長い食品を主体としています。これは、より広いエリアから、ス

トック用の商品をまとめて買っていく顧客を期待するモデルです。

フランチャイズ方式によるチェーン展開

　神戸物産はチェーン展開においても、通常のスーパーとは異なる戦略を採っています。直営店は創業の地である兵庫県加古川市に近い稲美店など4店しかありません（図表3-13）。全国で1,000店を突破した業務スーパーのほとんどは、FC加盟店なのです。FC加盟店は、もともと酒販店や食品スーパーだった会社などが多いようです。

　FC方式によるチェーン展開には、メリットとデメリットがあります。

　最大のメリットは、チェーン展開にかかる資金と時間を節約できて、一気に規模拡大することが可能であるという点でしょう。出店費用は加盟店が負担するのでチェーン本部の資金負担は抑えられます。そして加盟希望者を順調に集めることができれば、店舗網を大きく広げることができます。

図表3-13 神戸物産の設備の状況（単体）　　　　　　（百万円）

事業所名	所在地	セグメント	設備の内容	帳簿価額
本社	兵庫県加古川市他	全社（共通）	本社	5,745
業務スーパー稲美店	兵庫県加古郡稲美町	業務スーパー事業	営業店舗	163
業務スーパー伊川谷店	神戸市西区	業務スーパー事業	営業店舗	471
業務スーパー天下茶屋駅前店	大阪市西成区	業務スーパー事業	営業店舗	293
業務スーパー横浜いずみ店	横浜市泉区	業務スーパー事業	営業店舗	245
関西物流センター	神戸市灘区	業務スーパー事業	物流センター	2,058
神戸クック・ワールドビュッフェ	兵庫県加古川市	外食・中食事業	事業所営業店舗	135
プレミアムカルビ	東京都渋谷区	外食・中食事業	事業所営業店舗	2,932
馳走菜	兵庫県加古川市	外食・中食事業	事業所営業店舗	30
むかわ工場	北海道勇払郡むかわ町	業務スーパー事業	その他設備	710
メガソーラー発電設備	兵庫県加古郡稲美町他	エコ再生エネルギー事業	メガソーラー発電設備	20,722
木質バイオマス発電設備	北海道白糠郡白糠町	エコ再生エネルギー事業	木質バイオマス発電設備	2,140

出典：神戸物産2023年10月期有価証券報告書

　一方、デメリットは加盟店の指導や協力関係の維持をしっかり実行できないと、加盟店は集まらず、加盟した店が離反する可能性もあることです。日本におけるFCの成功例の代表はセブン-イレブンやモスフードなどですが、そのチェーンが安定しているのは、本部と加盟店の関係を維持する上でのポイントが押さえられているからだと言えるでしょう。それはロイヤリティなどの条件、独自性のある商品の提供、店舗オペレーションの仕組みの整備と指導、集客のためのプロモーション支援などです。

　神戸物産のフランチャイズ契約は、売上に対するロイヤリティを1％と低率に抑える一方、PB商品の供給を行うことでメーカーとしての収益を得る仕組みになっています。この条件に小規模小売業のオーナーが魅力を感じ、フランチャイジーとして加盟していると考えられます。

　こうしたFC方式によるチェーン展開によって、業務スーパーの店舗網は大きく広がりました。図表3-14は、業務スーパーとライフの東京都における店舗数をプロットした地図です。

　ライフは練馬区、江東区、足立区などの人口の多い都区部に集中して

図表3-14 業務スーパーとライフの東京都内の店舗分布（2024年6月時点）

出典：業務スーパー、ライフのウェブサイトをもとに筆者作成

出店しているのに対し、業務スーパーは、八王子市、町田市など、東京都西部の市部にもまんべんなく出店していることがわかります。

　小売業は立地が非常に重要とされ、各社は商圏の人口・経済力や面積、競合状況、配送効率などを慎重に調査・分析した上で、土地を確保し、店舗を開設するかどうかの投資判断を行います。

　また、小売店のチェーン化では、特定の地域に集中して出店する「エリアドミナント戦略」を取るのが一般的です。エリアドミナント戦略には、以下のようなメリットがあるとされます。

1．地域内でのブランド認知度を高められる
2．1店舗あたりにかかる物流コストを削減できる
3．1店舗あたりにかかる広告コストを削減できる
4．1店舗あたりにかかる店舗開発コストを削減できる
5．人員や商品在庫の店舗間での融通など経営資源を有効活用しやすい
6．地域に合わせて最適化したマーケティングができる
7．競合他社に対する参入障壁を構築できる

　このように、各種のコストを効率化し、ライバルを排除できるエリアドミナント戦略は、チェーンストア経営における定石です。

　その定石を無視するかのように、業務スーパーの出店エリアは広範囲に広がっています。エリアドミナントによる効率性よりも、フランチャイズ方式を採ることで、自社で店舗投資のリスクを負わずに店舗数を増やし、PB商品の販売量を拡大し、規模の経済によって原価を低減するという好循環を優先していると考えられます。

スケーリングのポイント②
店舗運営を効率化する商品陳列

　店舗の運営に関しては、徹底的なエブリディ・ロープライス（EDLP）方式を採っています。EDLPは、特売による集客・需要喚起を行わず、常に低価格を維持する販売戦略を指します。

　このEDLP方式は、加盟店に商品を納入するメーカーとしての神戸物産にもメリットがあります。販売量が特売などで上下せずに平準化するので、生産効率を向上させることができるのです。

　業務スーパーの店内を見ると、商品は段ボール箱に入れたまま積み上げられています。殺風景ですが、これは商品の陳列の手間を抑えるためです。食品スーパーでは通常、日々、売れた商品をバックヤードから棚に補充したり、賞味期限が近い商品を手前側に持ってきたりする細かいオペレーションがなされていますが、業務スーパーではその手間を省くことを優先しています。

　また、一般的なスーパーの店頭アイテム数は2万点ほどとされますが、業務スーパーは約3,000点と約7分の1に絞り込まれていることも、日々のオペレーションの省力化につながっています。

　また、欠品に対する考え方も、通常の小売業と異なります。日本の小売業は欠品を嫌いますが、業務スーパーでは、1日程度の欠品については、人気がある証拠であり、顧客の来店頻度を上げる動機になるということで、意に介さないようです。

　一方で、前述した冷凍食品のオープンケースのように、店舗運営の効率化と顧客の利便性につながる設備を独自に用意して、FC店に提供しています。これにより、フランチャイジー側は、陳列などのコストを抑えることができるのです。

　沼田昭二氏の著書『業務スーパーが牛乳パックでようかんを売る合理的な理由』によると、こうした効率的なオペレーションを可能にするフォーマットや前述したロイヤリティの低さなどが寄与し、業務スーパーのフランチャイジーは、営業利益率2〜5%を確保できているようです。大手で優良とされるスーパーでも営業利益率は3〜4%、一般的な地方の中堅・中小スーパーの利益率はよくて1〜2%とされる中で、この利益率を実現できるとしたら魅力的です。これは地方の中堅・中小スーパーが、業務スーパーのネットワークにフランチャイジーとして加盟することの動機づけになります。

貸借対照表に表れているビジネスモデルの特徴

神戸物産の貸借対照表を他社と比較すると、同社の戦略の特徴がよく

図表3-15 神戸物産の連結貸借対照表（2023年10月期）

	金額(百万円)	%		金額(百万円)	%
資産の部	211,891	100.0	負債の部	97,439	46.0
流動資産	141,641	66.8	流動負債	49,057	23.2
現金及び預金	92,590	43.7	買掛金	32,231	15.2
売掛金	26,939	12.7	短期借入金	1,317	0.6
有価証券	-		リース債務	2	0.0
商品及び製品	16,645	7.9	未払法人税等	4,562	2.2
仕掛品	378	0.2	賞与引当金	473	0.2
原材料及び貯蔵品	1,801	0.8	その他	10,471	4.9
その他	3,303	1.6	固定負債	48,382	22.8
貸倒引当金	△ 17	△ 0.0	長期借入金	37,000	17.5
固定資産	70,249	33.2	リース債務	1	0.0
有形固定資産	64,195	30.3	繰延税金負債	161	0.1
建物及び構築物	16,186	7.6	退職給付に係る負債	688	0.3
機械装置及び運搬具	22,977	10.8	預り保証金	7,589	3.6
土地	19,897	9.4	資産除去債務	1,672	0.8
リース資産	3	0.0	役員株式給付引当金	110	0.1
建設仮勘定	4,200	2.0	その他	1,157	0.5
その他	929	0.4			
無形固定資産	1,509	0.7	純資産の部	114,451	54.0
のれん	7	0.0	株主資本	112,348	53.0
その他	1,502	0.7	資本金	500	0.2
投資その他の資産	4,544	2.1	資本剰余金	12,137	5.7
投資有価証券	1,051	0.5	利益剰余金	108,797	51.3
長期貸付金	607	0.3	自己株式	△ 9,087	△ 4.3
繰延税金資産	1,744	0.8	その他の包括利益累計額		0.0
敷金及び保証金	703	0.3	その他有価証券評価差額金	27	0.0
その他	867	0.4	為替換算調整勘定	△ 684	△ 0.3
貸倒引当金	△ 431	△ 0.2	新株予約権	2,760	1.3
資産合計	211,891	100.0	負債純資産合計	211,891	100.0

出典：神戸物産2023年10月期有価証券報告書

表れています。

　資産の部を見ると、現金及び預金が926億円に達し、40％強を占めています。次いで大きいものは売掛金の269億円で、これはフランチャイジーとの取引に伴うものと考えられます。会社の支払能力を測る指標である流動比率は288.7％と非常に高く、高い安全性を保っていると言えます。

　神戸物産の資産内容をライフと比較してみましょう。

　ライフの資産として最も大きいものは建物及び構築物（917億円）、次いで土地（396億円）です。これは店舗や配送センターなどと考えられ、流通業の資産としては一般的なものです。

　これに対して、神戸物産の資産として大きいものは前述の通り現金及び預金と売掛金で、それらに次いで大きいものは、機械装置及び運搬具の230億円です。これは製品の製造を行うための機械が主と考えられ、同社がSPAに近いことを示しています。一方で、建物及び構築物は161億円、土地は198億円と、資産全体に占める比率は低めです。同社が直

図表3-16 神戸物産とライフの資産構成比較

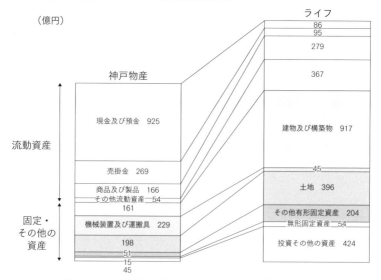

出典：神戸物産2023年10月期決算短信、ライフ2024年2月期決算短信をもとに筆者作成

営店舗をほとんど持たない経営をしていることが表れています。

独自ポジショニングのポイント③
プロ向け（風）のネーミング＆ブランディング戦略

　神戸物産のビジネスモデルの特徴は、同社の顧客ターゲットや市場ポジショニングの妙と見事に合致しています。業務スーパーというネーミングで「プロの品質・プロの価格」を標榜し、SPAモデルでプロ向けの独自商品を開発し、冷凍食品や大容量品などストック型の商品を重視することでFC展開を容易にしました。

　しかし、顧客をプロだけに限定していたら、今のような成長はあり得なかったはずです。業務スーパーの出店エリアが、飲食店が多い繁華街の近くだけでなく、住宅街にも広がっているのも、一般の消費者がメインの顧客になっていることの表れでしょう。

　前述したように、業務スーパーは売上高の7〜8割がプロとなることを想定して開発された業態であったと同時に、オープン初日に「一般のお客様大歓迎」と看板に書き加えたという逸話からわかるように、当初から一般の消費者も顧客として重視していました。

　そして今や、業務スーパーの顧客の大半は、プロではない一般消費者

図表3-17 業務スーパーのポジショニング

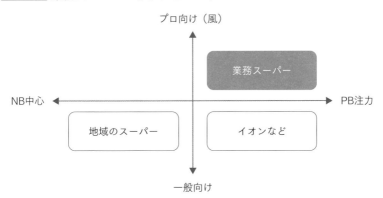

出典：筆者作成

です。業務用の店として出発したものの、メインターゲットを一般消費者にシフトしてきたわけです。それでも「プロ向けの店」というブランディングをあえて続けながら、「お得感」「想像以上の分量に対する驚き」「お得な商品を自分で見つける楽しさ」などの買い物体験を提供することで一般消費者を惹きつけ、競合との差別化に成功しているのです。

　「プロの品質・プロの価格」と謳うことは、一般の消費者に「高品質」「低価格」を連想させる上でも有効です。さらに大容量のPB商品やローコストオペレーションが徹底された店舗も、「プロ向け」というブランドイメージを支える重要な要素となります。

　そうした独自の店づくりによって、普段よく行く近所の食品スーパーとは異なる買い物体験を提供しているのです。

「プロ向け商品」の時代？

　業務スーパーと類似する「プロ向けの店のFCチェーン」というビジネスモデルで成長した企業としてワークマンがあります。

　ワークマンは、建設業に従事する職人をメインターゲットとして、作業服を主な商材とする小売店です。関東圏のロードサイドを中心に、フランチャイズ方式で店舗網を広げてきました。歌手の吉幾三を起用したテレビCMをご記憶の方もいるかもしれません。スーパーマーケットの「ベイシア」やホームセンターの「カインズ」などを展開するベイシアグループの前身である「いせや」という衣料品専門店の新規事業でした。1980年に群馬県伊勢崎市で創業し、2000年頃からはPBの開発・販売をスタートさせています。

　そして近年、ワークマンは「プロ向けの高機能商品が格安で手に入る」ということで、アウトドア関連の商品を求める消費者に注目されるようになってきます。

　さらに、2018年には、一般消費者をターゲットにした新業態「ワークマンプラス」を出店し、大きな話題となりました。

全体最適化の実現

　ここまで、神戸物産／業務スーパーのビジネスモデルの特徴を見てきました。

　重要なのは、これらの強みが有機的につながり、通常の食品スーパーとは異なる、独自のビジネスモデルを作り上げていることです。この組み合わせこそが、神戸物産が競合を圧倒的に上回る効率性と成長性を両立している要因と言えるでしょう。

　これは、PB商品の製造やFCによる店舗網拡大という狙いが正鵠を射ていたということもありますが、顧客やフランチャイジーの反応を見ながら、ビジネスモデルを磨き、全体最適化を続けてきたことで実現した結果でもあると考えられます。

図表3-18 業務スーパーのビジネスモデル

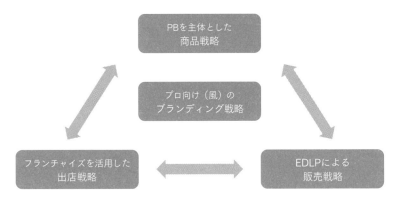

出典：筆者作成

参考資料

＜書籍・論文＞
・寺嶋正尚（2014）『ケースでわかる流通業の知識』産業能率大学出版部
・W.チャン・キム、レネ・モボルニュ（2015）『［新版］ブルー・オーシャン戦略　競争のない世界を創造する』ダイヤモンド社
・西山茂（2018）『ビジネススクールで教えている会計思考77の常識』日経BP
・大手町のランダムウォーカー（2020）『世界一楽しい決算書の読み方』KADOKAWA
・酒井大輔（2020）『ワークマンは商品を変えずに売り方を変えただけでなぜ2倍売れたのか』日経BP
・大津広一（2022）『企業価値向上のための経営指標大全』ダイヤモンド社
・加藤鉱（2022）『非常識経営　業務スーパー大躍進のヒミツ』ビジネス社
・徳成旨亮（2023）『CFO思考 日本企業最大の「欠落」とその処方箋』ダイヤモンド社
・沼田昭二、神田啓晴（2023）『業務スーパーが牛乳パックでようかんを売る合理的な理由』日経BP

＜有価証券報告書・決算短信・統合報告書・その他公開資料＞
・神戸物産
・ライフコーポレーション
・ヤオコー
・ベルク

＜新聞・雑誌記事＞
・ダイヤモンドチェーンストア「神戸物産、『業務スーパー』が1000店舗到達　1号店出店から22年」2022年10月31日
・日本経済新聞「経営者に聞く財務戦略　神戸物産　沼田博和社長　業務スーパー、再値上げも」2023年7月1日
・日経MJ（流通新聞）「トップに聞く　とんがる食の自前SPA　神戸物産社長　沼田博和さん」2023年8月21日
・日本経済新聞「広がるPB商品、イオンやセブンの狙いは？」2023年11月15日

＜政府統計＞
・経済産業省「商業動態統計」

第 **4** 章

寿スピリッツ

お土産菓子の業界常識をくつがえす

ゲームチェンジ

×

人的資本経営

菓子市場で新しいビジネスモデルを構築

　お菓子の市場は非常に多様で、スタイルの異なる企業がひしめいています。コンビニやスーパーで販売されているチョコレートやポテトチップスなどの大手菓子メーカー、デパ地下に売り場を構える洋菓子・和菓子の高級ブランド、地元の顧客に愛される家族経営の和菓子店、パティシエの腕自慢の洋菓子店……と商品も企業規模もひとくくりにできないほど様々です。全体として需要は比較的安定しているものの、成長市場とは言えず、競争は激しい状況にあります。

　その混戦・激戦の市場で、新しいビジネスモデルを構築し、企業価値を大きく向上させている企業として、寿スピリッツが注目されています。社名を聞いてもピンとこないかもしれませんが、出張の多い方（あるいはお土産をよくもらう方）なら、同社グループのお菓子を食べたことがある人も多いはずです。

　北海道土産のLeTAO（ルタオ）のチーズケーキと言われれば多くの方がご存じなのではないでしょうか。そのほかにもココリス、ザ・メープルマニア、東京ミルクチーズ工場など様々なヒット菓子ブランドを開発しています。寿スピリッツはお土産用やギフト用の菓子を主戦場としており、子会社も含めたグループ全体で様々なブランドの菓子を製造販売しています。

図表4-1 寿スピリッツの主なグループ企業とブランド

社名	本社	2024年3月期 売上高	主なブランド
寿製菓	鳥取県米子市	128億円	因幡の白うさぎ、カノザ
但馬寿	兵庫県美方郡		遊月亭
シュクレイ	東京都港区	265億円	東京ミルクチーズ工場、フランセ、ザ・メープルマニア
ケイシイシイ	北海道千歳市	181億円	ルタオ、グラッシェル
九十九島グループ	長崎県佐世保市	64億円	赤い風船、アイボリッシュ

同業他社を圧倒する高成長・高収益

　お土産やギフトの菓子もやはり混戦・激戦の市場です。駅や空港のお土産物売り場には様々なお菓子が並んでいて、あまりの種類の多さに何を選んでいいか迷ってしまったこともあるはずです。その中で寿スピリッツは、顧客から選ばれるブランドを育て成長を遂げました。

　お土産菓子の業界の常識をくつがえしたゲームチェンジャーとして、寿スピリッツに対する投資家の期待は非常に高いものがあります。PBRは7.77倍（2024年5月15日時点）と菓子メーカーとしては群を抜いている状況です。

　2023年以降は、円安の進行で輸入原材料のコストが上がったことなどから、食品業界全体の株価は下落基調に進んでいるものの、寿スピリッツのPBRは同業内で高水準を維持しています。

図表4-2 菓子メーカーのPBR比較（2024年5月15日時点）

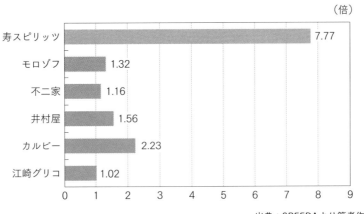

出典：SPEEDAより筆者作成

　業績はもちろん好調です。コロナ禍の時期（2021年3月期〜2022年3月期）は、観光や出張のお土産菓子の需要が落ち込み、外国人観光客

の来日もほとんどストップしたため、寿スピリッツの業績は悪化しましたが、2023年3月期には売上高・営業利益とも過去最高を更新し、2024年3月期は売上・利益をさらに伸ばしました。直近5年間の年平均成長率は9.1%に達し、菓子メーカーとしては圧倒的です。

図表4-3 菓子メーカーの業績推移

寿スピリッツ

	2020年3月期	2021	2022	2023	2024	直近5年平均成長率 +9.1%
売上高	452億円	232億円	322億円	502億円	640億円	
売上高成長率	–	-48.6%	38.7%	55.8%	27.7%	
売上総利益	267億円	116億円	176億円	301億円	398億円	
売上総利益率	59.1%	50.2%	54.7%	60.0%	62.2%	
営業利益	65億円	-29億円	14億円	100億円	158億円	
営業利益率	14.3%	-12.5%	4.4%	19.8%	24.6%	
減価償却費	15億円	14億円	12億円	11億円	12億円	

モロゾフ

	2020年1月期	2021	2022	2023	2024	直近5年平均成長率 +4.3%
売上高	295億円	257億円	272億円	325億円	349億円	
売上高成長率	–	-13.0%	6.0%	19.5%	7.5%	
売上総利益	143億円	121億円	133億円	170億円	180億円	
売上総利益率	48.4%	47.2%	48.7%	52.2%	51.5%	
営業利益	17億円	8億円	20億円	24億円	25億円	
営業利益率	5.7%	2.9%	7.4%	7.5%	7.1%	
減価償却費	8億円	8億円	7億円	8億円	7億円	

不二家

	2019年12月期	2020	2021	2022	2023	直近5年平均成長率 0.5%
売上高	1,033億円	991億円	1,048億円	1,006億円	1,055億円	
売上高成長率	–	-4.1%	5.7%	-3.9%	4.9%	
売上総利益	487億円	467億円	501億円	351億円	338億円	
売上総利益率	47.1%	47.2%	47.8%	34.8%	32.0%	
営業利益	18億円	25億円	41億円	43億円	14億円	
営業利益率	1.8%	2.5%	4.0%	4.3%	1.3%	
減価償却費	44億円	41億円	41億円	43億円	51億円	

出典：SPEEDA、各社有価証券報告書より筆者作成

　売上の成長もさることながら、注目すべき点は利益水準の高さです。コロナ禍による業績悪化時期を除き、過去10年間、売上高営業利益率は10%を超えて推移しており、業界で突出した水準です。2024年3月期には24.6%に達しました。寿スピリッツの収益力は、同業他社を圧倒しています。

図表4-4 寿スピリッツの業績推移

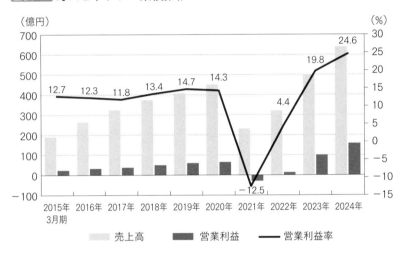

成熟市場でシェアを高めて高成長を実現

　このような業界の異端児的存在の寿スピリッツですが、新興の企業ではありません。1952年に鳥取県米子市で設立され、社歴は70年超です。もともと菓子の製造業としてスタートし、1993年に「お菓子の総合プロデュース企業」として小売事業に参入しました（詳しくは後述）。

　前述の通り、菓子市場は成長分野とはいい難い状況にあります。図表4-5のように和洋菓子・デザート類の市場規模は横ばいが続いています。その中で寿スピリッツは右肩上がりの成長を続けてきました。

図表4-5 和洋菓子・デザートの市場規模推移

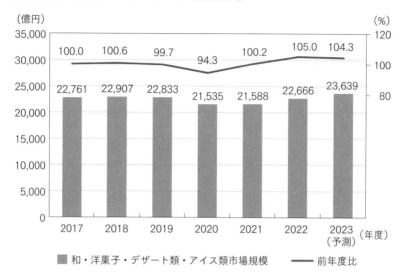

出典：寿スピリッツ2024年3月期決算説明会 補足資料

　寿スピリッツの成長を支える要因の一つとしてインバウンドが挙げられますが、インバウンド売上（空港の国際線免税売り場での売上）は全体の約1割程度に過ぎません。同社の成長は、国内のお土産菓子市場でシェアを高めることによって実現されています。多様な企業がひしめく成熟市場で、ヒット商品を育て、成長への投資を続け、独自のビジネスモデルを作り上げ、群を抜く存在になったのです。

ゲームチェンジのポイント①
「売れる場所」を押さえて集中出店

　寿スピリッツは「プレミアム・ギフトスイーツの創造」をテーマに掲げ、お土産・ギフトに特化した高価格戦略で事業を展開しています。

　お土産やギフトの菓子は、菓子市場の中では販売単価を高めに設定しやすい環境にあります。日本人は、自分の買い物は節約するものの、他人への贈答にはお金を惜しまない傾向があります。「知人に安いギフト

を送るとみっともない」「美味しいものを渡したい」という心理から、味や品質を重視して商品を選択する人が多いのです。さらにインバウンド需要も追い風になっており、お土産・ギフトの菓子市場は、低成長ながら比較的好環境にあるとも言えます。

ただし、それは同業他社も同じです。寿スピリッツが突出した高収益を実現できているのはなぜか。そこにはお土産・ギフト市場の好環境をフルに享受するビジネスモデルが隠されています。

まずは同社の商品がどこで販売されているかを見てみましょう。自社所有の小売店舗はほとんど持たず、お土産菓子が売れる駅ビルや空港の商業施設へのテナント出店が中心です。東京駅など主要なターミナル駅のお土産売り場を見てみると、同社グループのブランドの店が軒を連ねています。

例として、東京駅の東京ギフトパレットの店舗マップ（図表4-6）を見ると、全39店舗のうち6店舗が寿スピリッツグループの店舗です。

図表4-6 東京ギフトパレットの店舗マップ（2024年5月6日時点）

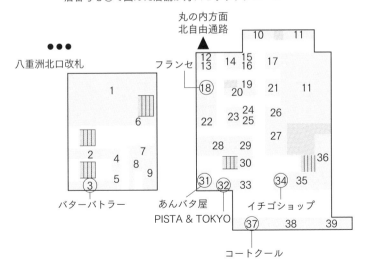

店番号を○で囲んだ店舗が寿スピリッツグループ

　このように、新幹線・特急列車が停車し乗降客数の多いJRの主要駅などに、グループ会社の多様なブランドの店舗を構え、集中的に販売するというのが寿スピリッツの基本戦略です。

　小売店舗で高収益を上げるには、回転率を上げること、つまりは集客が欠かせません。その土台として、寿スピリッツは「売れる場所」をしっかりと押さえているわけです。

ゲームチェンジのポイント②
「地域限定」と「全国展開」の両立

　「売れる場所」に集中出店する一方で、ブランドごとの出店エリアを限定しています。同じブランドの商品を全国で販売することはありません。例えばグループの中核2社であるケイシイシイとシュクレイのブランドを見ると、出店エリアは限定されています（図表4-7）。

　2020年8月にグランスタ東京にオープンしたCOCORIS、2022年4月に阪神百貨店梅田本店にオープンしたDROOLYは、どちらもオープン当初から大ヒットを続けているものの、多店舗展開はしていません。

　「売れ行きが良いから店舗を増やす」ではなく、「売れ行きの良い店での販売数量を増やす」ことを重視しているのです。全国展開するのではなく、ブランドごとに出店地域を限定し、「行列の出来る店」を作ることで、効率良く売上を上げているわけです。

　「ここでしか買えない」という「地域限定」はプレミアム感を高めるための戦略でもあります。寿スピリッツは傘下に17社の子会社があり、それぞれの会社が複数のブランドを展開しています。全国各地にあるグループ各社がそれぞれ「地域限定」のブランドを展開してプレミアム感を維持しながら、グループ全体として全国を幅広くカバーしているわけです。つまり「地域限定」と「全国展開」を両立させています。

　また、期間限定の催事出店では、本来の販売エリアを超えて販売します。商品の認知度を高め、常設店舗への集客や通販売上の増加につながるからです。期間限定の催事出店であれば、顧客に対して特別感を提供することができ、仮に催事出店の売上が悪かったとしても、損失は限定

図表4-7 グループ中核会社における出店エリアと販売価格

製造会社	ブランド名	店舗エリア	主な製品	価格帯（オンライン）
ケイシイシイ	LeTAO	北海道10店舗	チーズケーキ、チョコレート	1,836円～6,480円
	now on Cheese	東京3店舗、大宮1店舗	チーズクッキー、タルト	1,080円～2,160円
	PISTA & TOKYO	東京2店舗、成田空港1店舗	ピスタチオクッキー、ケーキ、テリーヌ	1,296円～4,500円
	あんバタ屋	東京2店舗	フィナンシェ、ガレット	1,620円～3,240円
	GLACIEL	北海道1店舗	アイスケーキ	3,240円～6,231円
	Fuwa-Trois	大阪1店舗	チーズクリームスイーツ	1,340円～5,501円
シュクレイ	東京ミルクチーズ工場	東京12店舗、神奈川2店舗、大宮1店舗	クッキー、チーズケーキ	1,296円～3,888円
	The MAPLE MANIA	東京3店舗	クッキー、フィナンシェ、バームクーヘン	1,130円～4,000円
	THE MASTER	横浜1店舗、大阪1店舗	フィナンシェ、バターサンド	1,134円～5,940円
	Butter Butler	東京4店舗	フィナンシェ、バターガレット	972円～10,800円
	FRANCAIS	東京2店舗	レモンケーキ、イチゴミルクケーキ	1,188円～5,400円
	COCORIS	東京1店舗	サンドクッキー	1,560円～5,400円
	Doré	大阪1店舗	フィナンシェ、サブレ	1,080円～3,200円
	THE TAILOR	東京1店舗、大阪1店舗	チョコレート菓子、フィナンシェ	1,728円～5,400円
	cote cour	東京6店舗、川崎1店舗	チョコレートブラウニー	1,080円～3,348円
	築地ちとせ	東京2店舗	せんべい、和菓子	702円～3,456円
	CARAMEL GHOST HOUSE	東京1店舗、川崎1店舗	クッキー、フィナンシェ、バームクーヘン	972円～8,424円
	MILLE-FEUILLE MAISON	東京1店舗	ミルフィーユ	1,296円～8,640円

出典：寿スピリッツグループ各社HPをもとに筆者作成

的であり、マーケット調査に役立つ「生きたコスト」になります。

ゲームチェンジのポイント③
高単価なのに抵抗感のない価格設定

　このような店舗戦略を徹底した上で、寿スピリッツは高単価を実現しています。寿スピリッツの商品の販売価格は1箱1,000～5,000円程度が中心です。1箱当たりの価格は他社商品と大きく異なるわけではあり

ませんが、内容量の個数はやや少なめです。寿スピリッツは個数の調整により、高単価のお菓子を消費者に抵抗感のない価格帯で販売しているのです。

　お土産・ギフトの場合、人に配るために「何個入りか」は気にするでしょうが、個数が足りていれば、1個当たりの単価を比較して買う人は少ないのではないでしょうか。1箱5個入り3,000円の商品と1箱8個入3,000円の商品があった場合は「美味しいほう」が選ばれやすいのです。

　こうした傾向がある市場環境での戦い方として、寿スピリッツはプレミアム感の維持を徹底しています。例えばコロナ期には、同業他社が通販サイトで在庫処分セールや、量販店での全国販売といった有事対応を行う中、寿スピリッツは通常の価格や販売エリアを維持しました。「通常1,000円の商品がコンビニで500円で買えたら、二度と1,000円で買ってもらえない」という考えからです。

ゲームチェンジのポイント④
不振店舗は別ブランドに入れ替え

　以上のように、「売れる場所」を押さえて販売数量を伸ばす一方で、「地域限定」でプレミアム感を高めて単価を引き上げ、寿スピリッツは高収益を実現しています。この「高単価設定×販売商品数の増加」が成長の一番の要因と言えるでしょう。

　この戦略は大阪土産の定番「551の豚まん」で知られる株式会社蓬莱の販売戦略とも似ています。同社は寿スピリッツと同様、新幹線の駅や空港施設に店舗を構え、地域限定を強みとしています。催事出店を除き、近畿圏以外には一切常設店舗を置きません。この地域限定のプレミアム感が関西出張や関西旅行の際「せっかくだから少し多めに買っておこう」といった心理につながり、お財布の紐が緩くなるのです。

　ただし、寿スピリッツと蓬莱の戦略には大きな違いがあります。寿スピリッツはブランド数が非常に多いことです。前述の通り、寿スピリッツはグループ17社が、それぞれの地域でブランド展開をしています。それは成長と高収益につながる重要なポイントである店舗のスクラップ

&ビルドにも関係します。

　寿スピリッツは店舗のスクラップ&ビルドに関して、特徴的な戦略を取っています。同社は駅ビルや空港の商業施設のテナントとして出店していますが、「売上の悪いブランドは思い切って撤退する」「代わりに別のブランドを出店する」といった作戦で、売上の良いブランドの店舗だけが残るという構造を創り上げています。

　例えば、寿スピリッツ傘下のシュクレイは2023年2月15日、東京のルミネ新宿店のイチゴショップを閉店し、2週間後の3月1日には同じ場所に同社のブランドであるButter Butlerを出店しています。

　単一ブランドで事業を展開している企業の場合、不採算店舗を閉店すると、店舗の賃貸契約の中途解約コストが発生し、閉店店舗の売上がそのままマイナスとなります。一方、寿スピリッツの場合、「閉店」ではなく「別ブランドへの切り替え」という対応によって、閉店費用を抑えることができ、かつ次の出店ブランドの売れ行きが良ければ、売上と利益が改善します。

　飲食店チェーンでは古くから寿スピリッツと同じような店舗スクラップ&ビルドを実行している企業がありましたが、お土産・ギフト菓子の業界でこの戦略を行っている企業は稀と言えます。グループ全体として多様なブランドを持ち、このようなスクラップ&ビルドを容易にできる仕組みは、寿スピリッツの大きな強みと言えるでしょう。

　このスクラップ&ビルドは商業施設側にとってもメリットがあります。中長期にスペースを埋めてくれる優良テナントとなるからです。多数のブランドを持つ寿スピリッツグループと、安定したテナント確保を求める商業施設側の関係性はWin-Winと言えるでしょう。

ゲームチェンジのポイント⑤
圧倒的な原価率の低さと効率の高さ

　ここで寿スピリッツとモロゾフ、不二家の損益計算書を比較してみましょう（図表4-8）。

　まず寿スピリッツは原価率が低いことがわかります。コロナ期を除く

と、同社の原価率は40％程度です。モロゾフと不二家は50％程度ですから、寿スピリッツは圧倒的に原価率が低いのです。これは前述した高単価を物語っています。

　昨今、円安・原材料高・人件費高騰といったコスト増加への対策として値上げが必要になっています。寿スピリッツは高品質な素材への原材料変更、焼き方の変更など「品質向上を目的とした商品リニューアル」を理由に値上げを行っています。

　販管費の比率は、コロナ期を除くと各社とも40％強の水準で、それほど大きな差はありませんが、内訳を見ると寿スピリッツの独自性が見えてきます。寿スピリッツは売上高に対する賃料の割合が高くなっています。これは都心の主要ターミナル駅という好立地に資源を集中しているためでしょう。その反面、寿スピリッツは出店エリアを限定しているため、物流費が抑えられています。

　人件費に関しても、面白い差が出ています。売上対比でみると、寿スピリッツの人件費の割合は低く、モロゾフは高い数値となっています

図表4-8 **菓子メーカーのコスト構造**

寿スピリッツ

	2020年3月期	2021	2022	2023	2024	5期平均
売上高	452億円	232億円	322億円	502億円	640億円	430億円
売上原価	185億円	116億円	146億円	200億円	242億円	178億円
売上原価率	40.9%	49.8%	45.3%	40.0%	37.8%	42.8%
販管費	202億円	145億円	162億円	202億円	240億円	190億円
販管費率	44.8%	62.6%	50.4%	40.2%	37.5%	47.1%
うち人件費	77億円	64億円	68億円	74億円	87億円	74億円
売上高人件費率	17.0%	27.7%	21.1%	14.8%	13.7%	18.9%
うち物流費	20億円	14億円	11億円	16億円	21億円	18億円
売上高物流コスト率	4.5%	6.0%	3.3%	3.1%	3.2%	4.6%
うち賃借料	31億円	20億円	25億円	37億円	15億円	25億円
売上高家賃費率	6.9%	8.4%	7.8%	7.3%	2.3%	6.5%
研究開発費	0.5億円	0.4億円	0.5億円	0.5億円	0.5億円	0.5億円
広告宣伝費	2.9億円	2.8億円	3.5億円	4.0億円	3.9億円	3.4億円

※寿スピリッツ2024年3月期は収益認識会計基準の数値を記載

（不二家は卸売部門が全体の約7割を占め、小売店舗が少ないため、販管費における人件費率は低い構造となっています）。

　一般的に、製造原価に占める人件費の割合は製造工程における生産

モロゾフ

	2020年1月期	2021	2022	2023	2024	5期平均
売上高	295億円	257億円	272億円	325億円	349億円	300億円
売上原価	152億円	136億円	140億円	156億円	170億円	150億円
売上原価率	51.6%	52.8%	51.3%	47.8%	48.5%	50.4%
販管費	126億円	114億円	112億円	145億円	155億円	131億円
販管費率	42.7%	44.3%	41.3%	44.7%	44.4%	43.5%
うち人件費	84億円	77億円	75億円	52億円	54億円	68億円
売上高人件費率	28.4%	29.8%	27.5%	15.9%	15.5%	23.4%
うち物流費	21億円	19億円	19億円	16億円	17億円	18億円
売上高物流コスト率	7.1%	7.3%	7.1%	5.0%	4.9%	6.3%
うち賃借料	5億円	4億円	5億円	7億円	8億円	6億円
売上高家賃費率	1.6%	1.7%	1.7%	2.2%	2.2%	1.9%
研究開発費	4億円	4億円	4億円	4億円	4億円	4億円
広告宣伝費	8億円	6億円	7億円	5億円	6億円	7億円

不二家

	2019年12月期	2020	2021	2022	2023	5期平均
売上高	1,033億円	991億円	1,048億円	1,006億円	1,055億円	1,027億円
売上原価	547億円	524億円	546億円	656億円	717億円	598億円
売上原価率	52.9%	52.8%	52.2%	65.2%	68.0%	58.2%
販管費	469億円	442億円	460億円	307億円	324億円	400億円
販管費率	45.3%	44.6%	43.9%	30.5%	30.7%	39.0%
うち人件費	97億円	91億円	93億円	99億円	103億円	97億円
売上高人件費率	9.4%	9.2%	8.9%	9.8%	9.7%	9.4%
うち物流費	65億円	64億円	65億円	64億円	65億円	65億円
売上高物流コスト率	6.3%	6.4%	6.2%	6.4%	6.2%	6.3%
うち賃借料	26億円	22億円	22億円	22億円	24億円	23億円
売上高家賃費率	2.5%	2.3%	2.1%	2.2%	2.2%	2.3%
研究開発費	4億円	4億円	4億円	5億円	5億円	4億円
広告宣伝費	18億円	17億円	24億円	26億円	27億円	22億円

出典：SPEEDA・各社有価証券報告書データより筆者作成

性、販管費の人件費の割合は販売工程における生産性や経費効率を表します。小売店舗を持つ寿スピリッツにとって、販管費の人件費の割合が低いということは、店舗の販売効率の高さ・経費効率の高さを意味しているといえるでしょう。

　また、寿スピリッツは広告宣伝費をそれほど使っていないこともわかります。広告宣伝費をかけずに商品を知ってもらうために、寿スピリッツが実践しているのが「超試食」です。試食を積極的に勧めることで、美味しさに気付いてもらい、お土産として多くの箱数を購入してもらうのです。店舗に買いに来た人が試食を通じて味を知り、ブランドを認知してもらうことで、売上を伸ばしていくという発想です。

ゲームチェンジのポイント⑥
市場特性を踏まえたSPAモデルの構築

　寿スピリッツのサプライチェーンの特徴について見ていきます。

　一般的に食品の製造業は、卸業者と小売業者を介して消費者に商品を届けています。卸業者と小売企業との間でそれぞれ価格交渉が発生するため、利益が出しにくい構造にあります。

　寿スピリッツは食品製造業から出発しましたが、この儲からない構造に早い段階で気付き、1993年に小売事業に本格参入し、SPA（製造小

図表4-9 **食品業界のサプライチェーン**

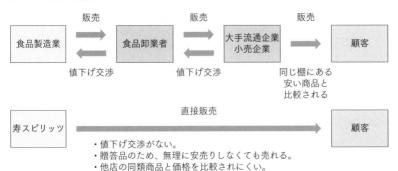

出典：筆者作成

売業）へと進化しました。

　SPAでは、自社で製造した商品をそのまま自社グループの店舗で販売するため、流通プロセスにおいて価格交渉がほとんど発生しません。このSPA方式へのビジネスモデルの転換が、寿スピリッツの高収益体質の秘密の一つになります。本書第3章の神戸物産は小売業から出発してSPA化しましたが、それとは逆に製造業から出発してサプライチェーンの垂直統合を進めてきたわけです。

　ただ、菓子業界においてSPA方式は必ずしも珍しくはありません。モロゾフやシャトレーゼも同様のモデルとなっていて、街の洋菓子店や和菓子店もSPA方式と言えます。

　その中で寿スピリッツが高収益化を実現しているのは、SPA方式を活かして、これまでの業界常識にこだわらないビジネスモデルを確立してきたからでしょう。お土産、ギフトの市場特性を把握し、独自の店舗戦略・商品開発を実行するなど、いろいろな取り組みの積み重ねとして、ゲームチェンジを実現したのです。

　それはファーストリテイリングやニトリ、オープンハウスといった企業と同じと言えるでしょう。技術や品質の高さだけで成功しているわけではなく、消費者のトレンドの中から勝てるポジションを見極め、そこに資本を投下し、市場を席捲しているのです。

　寿スピリッツも、商品の質の高さにこだわっているのは確かですが、それ以上に世の中のトレンドに合わせた商品や、プレミアム感を醸成するためのエリアを絞った出店戦略といった独自のポジショニングが高収益につながっています。

　寿スピリッツは1952年4月に鳥取県米子市で設立されました。創業者である河越庄市氏は終戦後の1945年、台湾から故郷の兵庫県美方郡温泉町に復員し、大阪で水飴の製造を学び、鳥取県東伯郡でイモアメの製造を開始しました。そして北陸を旅行した際に、「大したお土産がない」ことに不満を抱き、会社をお土産菓子の製造へ転換しました。1959年にその第1号商品として出雲大社向けの「大社の白アメ」を発売します。1968年には鳥取県のお土産菓子としてロングセラーとなった

銘菓「因幡の白うさぎ」を発売します。

　そして1993年、「お菓子の総合プロデュース企業」というコンセプトを掲げて小売事業に本格参入しました。1994年には株式を旧ジャスダック市場に上場し、それと同時期に河越庄市氏の長男である河越誠剛氏が2代目社長に就任しています。

　上場当初の売上は約80億円でしたが、1996年に転機が訪れました。廃業寸前だった北海道のチョコレート工場の買収です。買収後、北海道千歳市に株式会社コトブキチョコレートカンパニー（現ケイシイシイ）を設立し、LeTAOブランドを立ち上げました。同社はもともとチョコレートをメインとしていましたが、チーズケーキのドゥーブルフロマージュが大ヒットし、知名度が一気に全国へ広がりました。

　それ以降、1998年には宮内庁御用達の老舗和菓子屋「ちとせ」の商標を譲受し、和菓子ブランドを展開します。2005年には長崎県佐世保市に本社を置く九十九島グループの菓子事業を承継し、経営を立て直します。2015年には経営不振に陥っていた明治ホールディングス傘下のフランセをグループ傘下に収め、事業再生を実現しています。買収した菓子メーカーのブランドを残しつつも、時代のトレンドに合わせた新商品企画や海外進出など積極的な変革を進めています。

ゲームチェンジのポイント⑦
資産効率のアップ

　では、同じSPA方式の同業他社と寿スピリッツの違いを財務諸表から読み解いてみましょう。

　まず、貸借対照表をモロゾフと比較してみましょう（図表4-10）。

　両社とも純資産が70%程度あって財務体質は盤石です。

　資産の部を見ると、総資産は寿スピリッツのほうが大きいのですが、現預金を除くと、2社とも似たような金額です。現預金を除いた資産の構成比は図表4-11の通りです。

　そして現預金を除いた資産額は両社ほぼ同水準であるにもかかわらず、利益水準には大きな差があります。寿スピリッツは資産を効率よく

使って利益を上げているのです。資産効率の差はROA（総資産利益率
＝当期純利益÷総資産）の差として表れています（図表4-11）。寿スピ
リッツのROAは同業他社を大きく引き離しています（図表4-12）。

　前述の通り、寿スピリッツは自社で直接商品販売を行っているため、
価格ディスカウントが起きにくく、利益を出しやすい業界環境となって
います。その一方で、販売店舗は空港や駅ビルのお土産売り場、催事ス
ペースへの出店が主体のため、固定資産は少なくて済みます。都市部の
限定されたエリアで高い利益率の商品を効率良く販売する。このビジネ
スモデルが高いROAを生み出しています。

図表4-10 寿スピリッツとモロゾフの貸借対照表

寿スピリッツ（2024年3月期）

資産			負債・純資産		
現預金	236.9億円	50.9%	流動負債	88.2億円	19.0%
売上債権	70.2億円	15.1%	固定負債	24.6億円	5.3%
在庫	33.0億円	7.1%	純資産	352.2億円	75.7%
その他流動資産	4.0億円	0.9%			
固定資産	121.0億円	26.0%			
総資産	465.1億円	100.0%	総資産	465.1億円	100.0%

モロゾフ（2024年1月期）

資産			負債・純資産		
現預金	71.3億円	25.5%	流動負債	75.3億円	27.0%
売上債権	67.3億円	24.1%	固定負債	6.7億円	2.4%
在庫	29.8億円	10.7%	純資産	197.2億円	70.6%
その他流動資産	6.1億円	2.2%			
固定資産	104.7億円	37.5%			
総資産	279.2億円	100.0%	総資産	279.2億円	100.0%

出典：寿スピリッツ、モロゾフ有価証券報告書より筆者作成

図表4-11 寿スピリッツとモロゾフの資産効率

寿スピリッツ（2024年3月期）

資産		
現預金	236.9億円	
売上債権	70.2億円	30.7%
在庫	33.0億円	14.5%
その他流動資産	4.0億円	1.8%
固定資産	121.0億円	53.0%
現預金除く総資産	228.2億円	100.0%
総資産	465.1億円	

ROA 26.0%

損益	
売上高	640億円
売上原価	242億円
売上総利益	398億円
売上総利益率	62.2%
販管費	240億円
営業利益	158億円
営業利益率	24.6%
当期純利益	108億円
減価償却費	12億円

モロゾフ（2024年1月期）

資産		
現預金	71.3億円	
売上債権	67.3億円	32.4%
在庫	29.8億円	14.3%
その他流動資産	6.1億円	3.0%
固定資産	104.7億円	50.4%
現預金除く総資産	207.9億円	100.0%
総資産	279.2億円	

ROA 6.2%

損益	
売上高	349億円
売上原価	170億円
売上総利益	180億円
売上総利益率	51.5%
販管費	155億円
営業利益	25億円
営業利益率	7.1%
当期純利益	17億円
減価償却費	7億円

図表4-12 菓子メーカーのROAとROE

（%）

	2018年度		2019年度		2020年度		2021年度		2022年度		2023年度	
	ROA	ROE	ROA	ROE	ROA	ROE	ROA	ROE	ROA	ROE	ROA	ROE
寿スピリッツ	16.5	23.5	15.5	20.8	-2.2	-2.8	7.3	9.7	21.8	29.9	26.0	35.1
モロゾフ	5.9	8.8	4.6	6.7	1.5	2.1	4.2	6.0	6.2	9.2	6.2	8.7
不二家	1.9	2.9	1.7	2.6	1.5	2.2	4.3	6.3	4.2	6.3	1.2	1.7

※各社決算期：寿スピリッツ3月、モロゾフ1月、不二家12月
出典：SPEEDAデータより筆者作成

ROAの重要性、ROEやROICとの関連性

　ROAはReturn On Assetの頭文字であり、事業などのために保有している資産（Asset）に対する儲け（Return）の率を計算したものです。

　昨今、ROE、ROICといった指標が注目を浴びていますが、株主が出した資金に対する儲けを表すROE、投下資本に対する儲けを表すROICはそれぞれ投資家向けの指標です。また、自己資本が小さい会社は、ROE、ROICの数値が大きく見えてしまいます。

　これに対して、ROAは企業が保有している資産全体の生産性を評価する指標であり、いかに利益を効率よく生み出しているかという意味で、事業の質を表しています。

　ROA、ROE、ROICは経営の効率性を見る上で、関連性が強い指標です。ROAは貸借対照表における資金の運用サイドの視点、ROEとROICは資金の調達サイドの視点から、適切なリターンが確保できているかをチェックすることができます。その際には、株主資本コストやWACCと比較することが一般的です。

　「働く株主」で知られるみさき投資の創業者である中神康議氏は、「み

図表4-13 資本コストとBSの関係

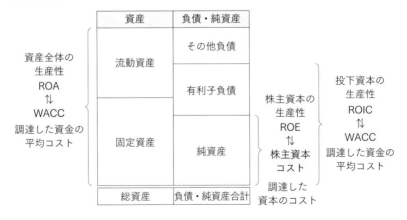

出典：筆者作成

さきの黄金比」として、各指標の関連性を図表4-14のように表しています。このように、どれか1つの指標に頼るのではなく、各指標をバランス良く見ることが重要です。

図表4-14 ROE、ROIC、ROA、WACCの関係

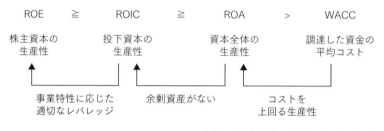

出典：中神康議（2020）『三位一体の経営』

人的資本経営のポイント①
全員参画の超現場主義

　ROAの高さは効率の高さの表れです。"効率性"という言葉を聞くと、日本人はまずコスト削減を思い浮かべることが多いのですが、コスト削減には限界があります。重要なのは目先のコスト削減よりも、自社が持つ資産に対する利益効率を引き上げることです。

　寿スピリッツの利益効率の高さは、ビジネスモデルの強さに加えて、従業員の生産性の高さによって実現されています。昨今、人的資本経営が注目されていますが、寿スピリッツの企業価値向上の要因の一つは、まさにその点にあります。

　寿スピリッツは「全員参画型経営」を経営方針として掲げています。「喜びを創り喜びを提供する」を経営の基本理念に、社員全員が経営に参画し、意見やアイデアを発案していくという企業風土を作り上げています。「熱狂的ファン創り」を基本ポリシーに、活力ある魅力あふれた企業集団を目指しています。従業員一人ひとりが当事者意識をもって経営に参画する「全員参画の超現場主義」を推し進めています。

　この「全員参画の超現場主義」のベースとなっているのが、「アメーバ経営」です。

　現在、寿スピリッツを率いる河越誠剛氏は、稲盛和夫氏の「盛和塾」の塾生として「アメーバ経営」（次のコラム参照）を学び、経営管理手法として導入しています。各現場をアメーバの単位として、環境に応じて自由自在に変化させていく経営を実践しているのです。

　大きな方針（戦略）は経営本部が決め、具体的な方針（戦術）は現場が決めて実践します。現場が考え、現場が実践する。工場で生産する従業員、店頭で販売する従業員、一人ひとりが課題を見つけ、改善手法を考える。こうした「一人ひとりの社員が主役」といった超現場主義の経営が、高い収益率を生み出しています。

　前述したように、売上に占める人件費の比率を見ると、寿スピリッツはモロゾフより低くなっていますが、平均給与の観点では、寿スピリッツは812万円（2024年3月期日経会社情報）とモロゾフの547万円に対して高めの水準に設定されており、寿スピリッツは人件費を切り詰めているわけではありません。むしろ、賃金をしっかり払うことで従業員のモチベーションを高めて、高い生産性を実現しているようにも見えます。昨今注目されている人的資本経営を実践しているとも言えるでしょう。

アメーバ経営

　アメーバ経営は、京セラの経営者だった稲盛和夫氏によって生み出された経営手法です。会社組織を小さな集団（アメーバ組織）に細分化し、小集団ごとに独立採算で運営する経営手法です。京セラではアメーバ組織を経営の単位としており、各アメーバが自主独立で経営し、全員が自分の意見を言い、経営を考え、参画する組織づくりを行っています。

　アメーバ経営は「市場の動きに迅速に対応すること」「経営意識をもつ人材を育てること」「全員参画型の経営を実現すること」を目的とし

ており、「会社経営は一部の経営トップのみが行うものではなく、全社員が関わって行うもの」という稲盛氏の考えが反映された経営思想となっています。

この経営手法は稲盛氏が経営に携わったKDDIの前身である第二電電や、経営破綻した日本航空の再建にも用いられました。

アメーバ経営は「盛和塾」という会を通じて、数多くの経営者に継承されています。盛和塾は稲盛氏が1983年に京都の若き経営者の方々から「いかに経営をすべきか教えてほしい」と依頼されたことを機に始まった会です。ここでは「心を高め、会社業績を伸ばして従業員を幸せにすることが経営者の使命である」とする稲盛氏の経営哲学を塾生が熱心に学びました。やがて評判を聞いた経営者や、「知り合いにもぜひ勧めたい」という塾生により全国各地に拡大し、36年の活動を経て、2019年末の閉塾時には、国内56塾、海外48塾、塾生数は約1万5,000人となりました（稲盛和夫OFFICIAL SITEより）。

高い生産性をもたらす成功サイクル

「全員参画の超現場主義」についてもう少し詳しく見ていきましょう。寿スピリッツは、現場に裁量権限を広く持たせ、何をすれば売上が伸び生産性が高まるかを従業員が自ら考えて行動することを求めています。

その具体策となるのが、①仮説→②まず実践→③検証→④徹底実践または修正実践→⑤WSR成功事例→⑥共有という「WSR成功サイクル」です。WSRとは「ワールド・サプライジング・リゾート」の略で、「世界へ驚きの非日常『感動』を提供する」という意味です。2015年に年間スローガンとして掲げ、社内での浸透を進めてきました。

①仮説：従業員一人ひとりが「こうなったら、こうなるのではないか」という仮説を持ち、行動する。

図表4-15 寿スピリッツの「WSR成功サイクル」

出典：寿スピリッツHP

②まず実践：仮説が立ったら即実行、まず実践してみる。このスピード
　感を重要視。

③検証：実践してみた仮説に対する「手ごたえ」を検証。

④徹底実践または修正実践：「手ごたえ」の良かった仮説は徹底的に実
　践し、新たな成功事例を創る。「手ごたえ」の悪かった仮説はどこが悪
　いのか、どう修正すれば「手ごたえ」が良くなるかを徹底的に検証
　し、成功事例となるまで修正実践する。

⑤WSR成功事例：①〜④を実践することでのWSR成功事例を確立。

⑥共有：1つの成功事例を1つで終わらせず、更にシンカするために、会
　社単位でなく、寿スピリッツグループ全体で共有する。

　こうしたサイクルに沿った従業員の行動は、店舗でも目にすることが
できるはずです。商品を選んでいるときにタイミング良く試食品を出し
たり、商品の陳列をあえてデコボコにして売れている雰囲気を作った
り、従業員一人ひとりが考えて工夫している行動を取っています。

　成功事例はグループ内で共有されます。例えば、関西国際空港の店舗

で8個のまとめ売りが好まれているという報告がありました。日本人は
ラッキーセブンで数字の「7」を好む傾向がありますが、中国では「8」
が縁起の良い数字として好まれていて、中国からの観光客に喜ばれたの
です。こういった話題は毎月の現場報告会議でグループ全社に共有され
ます。現場報告会議は会社単位で行われ、その後グループ経営会議で全
社に好事例が共有され、成功事例をグループ全体に広げていきます。

　ただ、成功事例をそのまま真似することが求められているわけではあ
りません。関西国際空港で8個のまとめ売りが売れているから、全店舗
で同じ売り方をするのではなく、そういった好事例をヒントにして、
各々の店舗が顧客層や販売の傾向を再考し、仮説を持って店舗づくりを
行っていきます。あくまで一人ひとりが考えて行動するのです。

　こうしたWSR成功サイクルを軸とした現場の主体性とスピード重視
の経営が、「従業員の主役感」を生み出し、モチベーションにつながっ
ています。

　どんなにビジネスモデルが優れていても、それを実行する現場のオペ
レーションによって効率は左右されます。寿スピリッツはアメーバ経営
をもとにした「全員参画による超現場主義」によって、高い経営効率を
実現しているとも言えるでしょう。

参考文献

＜書籍・論文＞
・西山茂（2019）『「専門家」以外の人のための決算書＆ファイナンスの教科書』
　東洋経済新報社
・中神康議（2016）『投資される経営　売買される経営』日本経済新聞出版
・中神康議（2020）『三位一体の経営』ダイヤモンド社
・河越誠剛（2023）『寿スピリッツの超絶経営』マネジメント社

＜有価証券報告書・決算短信・統合報告書・その他公開資料＞
・寿スピリッツ
・モロゾフ
・不二家

第3部

成長の限界の突破

第 **5** 章

オリエンタルランド

ディズニー長者を生んだ
「期待を裏切らない持続的成長」

驚異のリピーター集客

×

万全のレジリエンス

時価総額もPBRも日本企業でトップクラス

　約1,600社ある東証プライム上場企業のうち、株式時価総額とPBRの両方が上位50社以内に入っている会社は数社しかありません。オリエンタルランドはその1社です。同社の株式時価総額は約8兆2,000億円に達し25位、PBRは7.85倍で日経平均採用銘柄では5位です（2024年5月15日時点）。

　東京ディズニーランドを知らない日本人はほとんどいないと思いますが、その運営会社がオリエンタルランドだと知っている人は少ないかもしれません。オリエンタルランドという会社名を聞いて、東京ディズニーランドと東京ディズニーシー（以降、2つ合わせて東京ディズニーリゾート＝「TDR」と言います）を運営している会社だとわかる人は、株式投資をしていたりテーマパークビジネスに関心を持っていたりする人などに限られるのではないでしょうか。

　なぜ東京ディズニーランドを運営する会社の社名に「ディズニー」が入っていないのか。そこにはオリエンタルランドという会社の歴史と存立基盤が関わっています。

　同社は、千葉県浦安沖を埋め立てて開発する目的で、京成電鉄や三井不動産などの共同出資で1960年に設立され、その後、米国のディズニーランド（以降「米ディズニー」と言います）を誘致して現在の姿に成長を遂げました。

　オリエンタルランドは、例えて言えば、セブン-イレブンやマクドナルドなどのチェーン加盟店と同じ立場にあります。米ディズニーからライセンス供与を受けて日本でテーマパークを運営しているフランチャイズ加盟企業なのです。

図表5-1 米ディズニーのParks & Experiences部門の主な事業内容

都市	名称	所有比率
オーランド	フロリダ ウォルト・ディズニー・ワールド・リゾート（マジックキングダム・パーク/エプコット/ディズニー・アニマルキングダム/ディズニー・ハリウッド・スタジオ）	100%
	ウォーターパーク（ディズニー・ブリザード・ビーチ/ディズニー・タイフーン・ラグーン）	
カリフォルニア	ディズニーランド・リゾート（ディズニーランド・パーク、ディズニー・カリフォルニア・アドベンチャー・パーク）	100%
パリ	ディズニーランド・パリ	100%
香港	香港ディズニーランド・リゾート	48%
上海	上海ディズニーリゾート	43%
東京	東京ディズニーランド、東京ディズニーシー	0%
複数都市	ディズニー・クルーズライン、ディズニー・バケーション・クラブ、アドベンチャーズ・バイ・ディズニー	100%
ハワイ	アウラニ・ディズニー・リゾート＆スパ	100%

出典：Walt Disney Co, FORM 10-K（2023Annual Report）をもとに筆者作成

米ディズニーは世界最大のライセンサー

　ライセンス業界について調査している『トップ グローバル ライセンサーリスト』の2023年版によると、米ディズニーからライセンスを受けた消費者向け製品およびライセンスを使ったサービスの小売りベースの売上高は617億ドルに達し、日本円にして8兆円を超えています。

　米ディズニーがライセンス管理を徹底しているのは、創立者であるウォルト・ディズニーがミッキーマウスの前身と言われるオズワルド・ザ・ラッキー・ラビットというキャラクターの著作権を獲得できず、人生での大きな失敗だったと後悔したことが教訓になっています。

　ミッキーマウスは1928年に『蒸気船ウィリー』という作品の中で生まれました。テーマパークのほか様々なメディアで継続的に発信され、今も巨額のライセンス収入を生み出しています。

　巨額のライセンス収入は、コンテンツの魅力に加えて、技術力によって支えられています。米ディズニーグループには「ディズニーリサーチ」という研究所があり、制作技術の研究開発を担当しています。最近ではAI技術を利用したキャラクターの表情の再現、プリンセスの動きに対する髪のなびき方、主人公を取り囲む群衆の動きなどが研究されて

います。世界中の人たちを感動させるコンテンツを米ディズニーが提供できる背景には、細部にまでこだわる技術力があります。

　また、全テーマパークの設計開発やアトラクションの企画、クオリティ管理などにはディズニーイマジニアリング社が貢献しています。同社が開発した技術の例としては、TDRでは、エレクトリカルパレードの電子制御されたフロート、パレードルートで無線制御によって起動するサウンドトラック、ソアリンで実現した高解像度のフィルム映写・立体音響、高さとタイミングをコントロールできる花火ショーなどが挙げられます。アトラクションでの没入感や思い出に残る感動体験の裏側には、革新的なエンターテイメントを追い求める技術力があるのです。

図表5-2 2023年グローバルライセンサー Top10

#	企業名	小売りベースの売上高	
		ドル	円
1	ウォルト・ディズニー・カンパニー	617億ドル	8兆6,380億円
2	ドットダッシュ・メレディス	(E) 315億ドル	4兆4,100億円
3	オーセンティック・ブランズ・グループ	241億ドル	3兆3,740億円
4	ワーナー・ブラザース・ディスカバリー	158億ドル	2兆2,120億円
5	ポケモン・カンパニー・インターナショナル	116億ドル	1兆6,240億円
6	ハズブロ	(E) 115億ドル	1兆6,100億円
7	NBCユニバーサル／ユニバーサル・プロダクツ＆エクスペリエンス	105億ドル	1兆4,700億円
8	マテル	(E) 80億ドル	1兆1,200億円
9	ブルースター・アライアンス	75億ドル	1兆500億円
10	WHPグローバル	(E) 67億ドル	9,380億円

(E) は推定値。日本円は1ドル140円として計算

出典：License Global's Top Global Licensors report 2023をもとに筆者作成

単一事業依存リスクをものともしない株価上昇

TDRの運営は、米ディズニーのコンテンツの人気で集客できるという競争優位性の高いビジネスであることは間違いないでしょう。今後の成長の鍵も米ディズニーが握っているといっても過言ではありません。

オリエンタルランドは米ディズニーに依存しているが故に、成長の制約やリスクを抱えています。例えばメーカーであれば商品がヒットすれば量産し、世界中に売ることが可能であり、小売店や飲食店であれば多店舗展開することができます。しかし、オリエンタルランドは千葉県浦安市にある埋め立て地の上だけが事業の拠点であり、そこで展開する事業のほとんどを米ディズニーからのライセンスに頼っています。同社の売上高の内訳を見ると、80％強がTDR事業、14.3％がTDR周辺のホテル事業で、その他の事業は3％足らずです（図表5-3）。

TDRだけに依存しているがゆえに、事業継続上のリスクも抱えています。東日本大震災や新型コロナウイルス感染症（以降「コロナ」と言います）禍では営業の停止や縮小を余儀なくされ赤字に転落しました。

図表5-3 オリエンタルランドのセグメント別売上高構成比（2024年3月期）

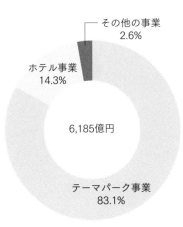

その他の事業
2.6%

ホテル事業
14.3%

6,185億円

テーマパーク事業
83.1%

出典：ファクトブック2024をもとに筆者作成

　しかしオリエンタルランドは、重大な危機を何度も乗り越えて、企業価値を高めてきました。オリエンタルランドは極めてレジリエンスの高い経営を実践していると言えるでしょう。

　浦安市とは別の場所で米ディズニーに依存しない事業を展開し、別の柱を育てるという選択肢もあるはずですが、オリエンタルランドはそうはしていません。TDRに集中する方針を維持しています。

　投資家もそれを評価してきました。オリエンタルランドの株価は、1996年の上場後、2011年頃までは横ばいを続けましたが、その後、業績の拡大が期待されて上昇しました。現在では2011年時点に比べて13倍に上昇しています（図表5-4）。2011年当時の株価は7,000円程度（株式分割調整前の価格）だったので、最低売買単位の100株を70万円ほどで買っておけば、現在では1,000万円近くになっていた計算です。同社は株主優待としてTDRの1DAYパスポートを提供していたこともあり、昔から個人投資家から人気でしたが、同社株を継続的に保有していた人は"ディズニー長者"になれたのです。

図表5-4 **オリエンタルランドの株価推移**

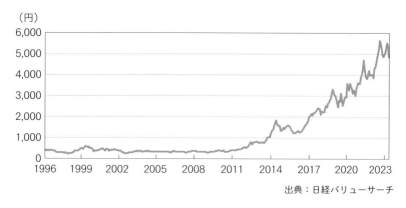

出典：日経バリューサーチ

　投資家からの期待と信頼は、コロナ期における同社の株価推移が端的に示しています。コロナが猛威を振るっていた時期も、オリエンタルランドの株価はTOPIXを上回って推移しました（図表5-5）。

図表5-5 オリエンタルランドの株価とTOPIXの推移（2020年2月28日を100とした指標）

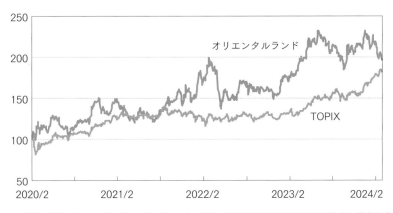

出典：日経バリューサーチにてオリエンタルランドの調整後終値とTOPIXを抽出し筆者作成

　TDRはコロナにより約4カ月間休園し、再開後も入園者数制限や営業時間を短縮し、イベントやパレードを中止せざるを得ない状況となりました。その結果として2021年3月期は、売上高が前年比約65％減となり、営業損益は過去最悪の460億円の赤字となりました。

　しかしコロナ禍でオリエンタルランドの業績が急速に悪化する中でも、複数のアナリストが「買い」を支持していました。その理由は、ファンタジースプリングス（2024年6月開業）などへの投資による成長戦略に変更がないこと、ファストパス有料化などの施策による顧客1人当たり単価（以降、「客単価」と言います）の引き上げの実現可能性が高いことなどでした（後述）。つまり、一時的に業績が悪化しても、長期的に見れば、収益力はさらに向上するという期待が大きかったのです。

　そして実際、2023年5月にコロナによる行動制限が解除された後、業績はコロナ前を上回って推移し、2024年3月期には売上高、営業利益とも過去最高を更新しています（図表5-6）。

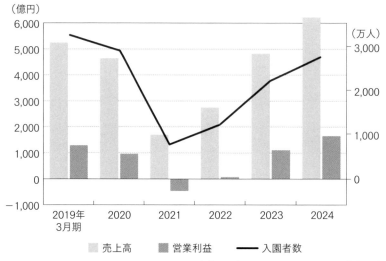

図表5-6 売上高・営業利益・入園者数の推移

出典：日経バリューサーチをもとに筆者作成

財務体質は盤石、キャッシュは潤沢

ここでオリエンタルランドの財務諸表を見てみましょう。

まず損益計算書を見ると（図表5-7）、売上高6,185億円に対して、営業利益は1,654億円に達し、売上高営業利益率は25％を超えています。

また、EBITDAマージンは34.3％に達しています。EBITDAとは「利息、税金、減価償却費、のれん等の償却費を控除する前」の利益を意味します。EBITDAマージンは売上高に対するEBITDAの比率です。

$$\text{EBITDAマージン（\%）} = \text{EBITDA} \div \text{売上高}$$

オリエンタルランドはアトラクションなどの新設や更新を連続的に行っているため減価償却費が大きくなりますが、減価償却費はキャッシュの流出を伴いません。減価償却費の大きい企業の場合、実質的な稼ぎを見る上では、EBITDAを利用した指標で確認するほうが適していると

言えます。

　上場企業でテーマパーク・観光施設を運営する企業のEBITDAマージン平均は17.9%（2023年3月期時点）なので、オリエンタルランドは高い水準にあることがわかります。つまりオリエンタルランドは、売上に対して多くのキャッシュを生み出しています。

図表5-7 オリエンタルランドの損益計算書（2024年3月期）

	金額（億円）	%
売上高・営業収益	6,185	100.0
売上原価・営業原価	3,690	59.7
売上総利益	2,495	40.3
販売費および一般管理費	841	13.6
営業利益	1,654	26.7
営業外収益	21	0.3
営業外費用	16	0.3
経常利益	1,660	26.8
法人税等	458	7.4
当期純利益	1,202	19.4

出典：日経バリューサーチ

　なお、米ディズニーに支払っているライセンス料は、毎年売上に対し約6%です。2023年3月期には営業利益の約25%ものライセンス料の支払いが生じています。2021年3月期はコロナの影響で営業利益は赤字だったものの、ライセンス料として92億円を支払っています。その翌年の2022年3月期には営業利益の2倍である155億円のライセンス料を支払っています。

　ライセンス料の負担は大きいと言えますが、それでも米ディズニーのコンテンツを日本のテーマパークとして独占的に利用できることがオリエンタルランドにとっての最大の競争優位性です。

　次に貸借対照表（図表5-8）を見ると、財務体質が極めて盤石であることがわかります。自己資本比率は70.1%に達しています。純資産の89.9%は利益剰余金です。

　資産の内訳を見ると、テーマパーク施設やホテルを多数保有しているため、有形固定資産が58.9％を占めています。固定資産が大きな割合を占めていますが、固定資産を純資産（＝自己資本）と固定負債でどの程度まかなえているかを見る固定長期適合率は82.0％（2023年3月期）となっており、長期的な視点での企業の安全性は高いということがわかります。一般的に固定長期適合率が100％を下回っていれば安全性が高いとされます。

　同社の資金的な余裕を示す指標の1つがインタレスト・カバレッジ・レシオです。インタレスト・カバレッジ・レシオは、借入金の利息をどの程度余裕をもって支払うことができるかという債務返済能力を見る指標で、利払いの原資となる営業利益と受取利息、受取配当金の合計額が、支払利息と手形の割引料の合計額の何倍であるかで算出します。数値が

図表5-8 オリエンタルランドの貸借対照表（2024年3月期）

	金額 （億円）	％		金額 （億円）	％
流動資産	4,522	33.4	流動負債（その他流動負債含む）	2,470	18.2
現金・預金	2,850	21.0	支払手形・買掛金	238	1.8
受取手形・売掛金および契約資産	289	2.1	短期借入金・社債合計	677	5.0
有価証券	1,120	8.3	1年内返済の借入金	77	0.6
棚卸資産	195	1.4	1年内償還の社債・転換社債	600	4.4
その他流動資産	69	0.5	固定負債（その他固定負債含む）	1,587	11.7
固定資産	9,030	66.6	長期借入金・社債・転換社債	1,413	10.4
有形固定資産	7,976	58.9	社債・転換社債	1,400	10.3
償却対象有形固定資産	3,930	29.0	長期借入金	13	0.1
建物・構築物	3,331	24.6	負債合計	4,057	29.9
機械装置及び運搬具	457	3.4	純資産（その他含む）	9,496	70.1
その他償却対象有形固定資産	142	1.0	株主資本	9,212	68.0
建設仮勘定	2,887	21.3	資本金	632	4.7
その他	1,159	8.6	資本剰余金	1,157	8.5
無形固定資産	159	1.2	利益剰余金	8,533	63.0
投資・その他の資産合計	895	6.6	自己株式（▲）	-1,110	-8.2
資産合計	13,552	100.0	負債・純資産合計	13,552	100.0

出典：日経バリューサーチ

高いほど金利負担の支払い能力が高く、財務に余裕があります。適正値としては2倍以上で、10倍以上であれば安全性はかなり高いとされます。

オリエンタルランドは5年間のインタレスト・カバレッジ・レシオ平均値が200倍となっています（図表5-9）。2021年にはコロナの影響も受け、マイナスになりましたが、平常時には極めて高い数値を保っています。

図表5-9 オリエンタルランドのインタレスト・カバレッジ・レシオ

(倍)

2020年3月期	2021	2022	2023	2024	5年平均
333.4	-130.1	17.3	307.5	473.1	200.2

出典：日経バリューサーチをもとに筆者作成

資金的な余力の高さは、キャッシュフローにも表れています。オリエンタルランドの過去10年のキャッシュフローを見ると、コロナ期を除いてフリーキャッシュフローはプラスをほぼ維持しています（図表5-10）。つまり、営業キャッシュフローが投資キャッシュフローを上回っています。

後述するようにオリエンタルランドは新しいアトラクションの導入などの設備投資を継続的に実施していますが、その資金を営業キャッシュフローでほぼ賄えているのです。過去に撒いた種（アトラクションなどへの投資＝固定資産の取得）で売上が上がり、その資金を次の投資活動に回すという好循環ができていることがわかります。

また、現預金の期末残高は2017年3月期から増加しており、2020年3月期には2,612億円となっています。同社は、営業活動による儲けを出し続けることでキャッシュを積み上げ、流動性を高めていることがわかります。これはコロナによる営業停止のような非常事態への備えになっています。

これほど財務体質が強固であれば投資家から信頼されることもうなずけますが、前述したように、オリエンタルランドは成長を制約する課題

やリスクを抱えていることも事実です。成長シナリオを明確に描いて実行し、かつリスクを払しょくすることができてこそ、企業価値は高まります。

　オリエンタルランドは強固な財務基盤を活かして、成長の限界を突破するための先行投資やサービスの改善を継続し、その結果として企業価値を向上させてきたのです。

図表5-10 **オリエンタルランドのキャッシュフローの推移**

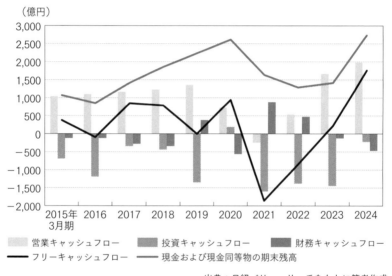

出典：日経バリューサーチをもとに筆者作成

USJとの比較でわかるTDRの特徴①

　オリエンタルランドの比較対象として、大阪府にあるユニバーサル・スタジオ・ジャパン（USJ）があります。

　USJは非上場であり、売上高は公開していないものの、AECOMのレポート（図表5-11）によると、来園者数は2022年には東京ディズニーランドを抜いて、テーマパークの世界3位におどり出ました（東京ディ

ズニーシーは8位)。各テーマパークの敷地面積は、東京ディズニーランドは51ha、東京ディズニーシーは49ha、USJは54ha(開園時)で、ほぼ同じです。来園者数の順位逆転には、TDRがコロナ対策のため、まん延防止等重点措置が解除された2022年3月以降も入場制限を実施していたのに対し、USJは2022年3月以降は入場制限をかけなかったことが影響していますが、USJの来園者数が年々増加していることも事実です。

　USJは米ユニバーサル・スタジオの日本版として開業しましたが、その後ライセンス契約を他のコンテンツにも広げました。最近では『鬼滅の刃』などのアニメやキャラクターとコラボレーションし、次々に新しいアトラクションやイベントを導入しています。有名なところで言え

図表5-11 世界のテーマパークの来園者数ランキング

#	テーマパーク名	所在地	来園者数(万人)			
			2022	2021	2020	2019
1	マジック・キングダム・テーマパーク(ウォルト・ディズニー・ワールド・リゾート)	米国	1,713	1,269	694	2,096
2	ディズニーランド・パーク(ディズニーランド・リゾート)	米国	1,688	857	367	1,866
3	ユニバーサル・スタジオ・ジャパン	日本	1,235	550	490	1,450
4	東京ディズニーランド(東京ディズニーリゾート)	日本	1,200	630	416	1,791
5	ユニバーサル・アイランド・オブ・アドベンチャー(ユニバーサル・オーランド)	米国	1,102	907	400	1,037
6	ディズニー・ハリウッド・スタジオ(ウォルト・ディズニー・ワールド)	米国	1,090	858	367	1,148
7	ユニバーサル・スタジオ・フロリダ(ユニバーサル・オーランド)	米国	1,075	898	409	1,092
8	東京ディズニーシー(東京ディズニーリゾート)	日本	1,010	580	340	1,465
9	エプコット(ウォルト・ディズニー・ワールド)	米国	1,000	775	404	1,244
10	ディズニー・アニマル・キングダム(ウォルト・ディズニー・ワールド)	米国	902	719	416	1,388
11	上海ディズニーランド(上海ディズニーリゾート)	中国	530	848	550	1,121
12	珠海長隆海洋王国	中国	440	745	479	1,173

順位は2022年の来園者数順

出典:AECOM公表のTheme Index Museum Index 2022をもとに筆者作成

ば、2014年に総工費450億円をかけオープンした「ウィザーディング・ワールド・オブ・ハリー・ポッター」、2021年に任天堂とコラボレーションし総工費600億円以上をかけ新設した「スーパー・ニンテンドー・ワールド」があります。また2023年は東京の渋谷ストリームでの「ハロウィーン・ホラー・ナイト」を実施しており、大阪以外の場所でも新たな施策を実施しています。

　一方、オリエンタルランドは、米ディズニーの保有する強いコンテンツはありますが、同時にディズニー以外のキャラクターを使用できません。使用許諾の制限も厳しいため、企業や芸能人とのコラボレーションも困難です。そのため、ディズニーキャラクターのブランド力を最大限に活かす必要があります。

驚異のリピーター集客のポイント①
「感動体験」への継続的な投資

　オリエンタルランドが投資家から高く評価されているのは、顧客からの支持が高く、そして安定していることにあります。

　TDRの入園者数は、コロナ前には年間3,000万人を超えていました（図表5-6、5-14）。日本の人口は約1億2,000万人ですから、1人1回来園すると仮定した場合、4年間で日本人全員が1回は来園する計算になります。ということは、何度も繰り返し来園してもらえなければオリエンタルランドは業績を維持拡大できないわけですが、それをずっと実現してきたところに同社の凄さがあります。つまり驚異的なリピート率こそがオリエンタルランドの好業績の核心です。

　リピート集客力の源泉は、言うまでもなく米ディズニーのコンテンツです。新作映画として生まれた新しいコンテンツのアトラクションを新設するなど、先行投資を継続することによって顧客を飽きさせず、「また来たい」とリピーター化することに成功しています。図表5-12の通り、毎年のように新しいアトラクションやショーを導入するなど、常にリニューアルを図っています。

　アトラクションに対する先行投資はコロナ期にも途絶えませんでした。2020年から2024年の4年間で4,000億円以上の投資を実施しています。コロナ真っ只中の2020年9月には、美女と野獣エリア、ベイマックスのハッピーライド、ミニーのスタイルスタジオがオープンし、さらに2021年4月にはファンタジーランド・フォレストシアターがオープンしました。これら4施設の総工費は約750億円にも達しています。

　2024年6月6日には、東京ディズニーシーの新エリアとして「ファンタジースプリングス」が開業しました。「アナと雪の女王」「塔の上のラプンツェル」「ピーターパン」を題材としており、3つのレストラン、ホ

図表5-12 新規アトラクション・ショーの主な導入状況

導入年度	名称	分類	投資額(億円)
2002年3月期	エレクトリカルパレード・ドリームライツ	ショー	30
2006	レイジングスピリッツ	ライド	80
2007	タワー・オブ・テラー	ライド	210
2010	タートル・トーク	ライド	13
	モンスターズ・インク"ライド&ゴーシーク！"	ライド	100
2011	ミッキーのフィルハーマジック	ライド	60
2012	シンデレラのフェアリーテイル・ホール	ライド	20
	ファンタズミック！	ショー	30
2013	トイ・ストーリー・マニア！	ライド	115
2014	スター・ツアーズ・ザ・アドベンチャーズ・コンティニュー	ライド	70
2015	ワンス・アポン・ア・タイム	ショー	20
2018	ニモ&フレンズ・シーライダー	ライド	50
2019	ドリーミング・アップ！	ショー	24
2020	ソアリン：ファンタスティックフライト	ライド	180
2021	美女と野獣"魔法のものがたり"	ライド	320
	ベイマックスのハッピーライド	ライド	60
2022	ファンタジーランド・フォレストシアター	ショー	170
	ミニーのスタイルスタジオ	―	20
2023	ビリーヴ！〜シー・オブ・ドリームス〜	ショー	95
2024	ファンタジースプリングス	ライド等	3,200

※投資額は概算

出典：オリエンタルランド有価証券報告書、ニュースリリースなどをもとに筆者作成

テルも併設しています。その投資額は約3,200億円に達し、TDR史上最大規模の拡張案件です。東京ディズニーランドの総事業費は約1,800億円、東京ディズニーシーの総工費はホテルミラコスタを含めて約3,350億円でした。

　コロナによる営業停止期間中、オリエンタルランドのキャッシュフローはもちろん急速に悪化しました。2020年3月31日から6月30日の3カ月間に現金及び預金が831億円減少していました。それでも、前述のように財務体質を盤石にしてきたおかげで、2020年6月30日時点で1,781億円の現預金が残っていました。さらに非常事態に備えた資金確保の手を打っており（後述）、アトラクション投資を継続することができました。

　また、オリエンタルランドはアトラクションのみではなく、パレードやショーに多額の投資をしています。2002年以降でも総額400億円以上の投資をしています。

　パレードやショーなど目の前で展開される「その場限り」のライブイベントは、大人にも子供にも大きな感動を与えます。TDRのパレードやショーは、最新技術が導入され、ライブイベントとして高品質で、多くの人に「また観たい」と思わせます。オリエンタルランドの有価証券報告書でもイベントは集客効果が高いこと、またアナリストの見解としても高頻度で来園するコアファンの来園目的の1つがショーであることが説明されています。

　東京ディズニーランドのパレードは35〜45分間、600〜900mの距離を移動しながら公演します。東京ディズニーシーの場合は、海上ショーがメインであり、10〜30分間です。ホテルやレストランからもショーを見ることができます。

　新しい試みとして、「ジャンボリミッキー！レッツ・ダンス！」は、ゲストがキャラクターと一緒にパフォーマンスするインタラクティブなショーとして人気を博しました。このようなショーはポジティブな思い出をもたらす没入体験となり、再来園の動機付けの1つとして働いています。

　また、新しいショーの開始は多くのメディアに取り上げられることもあり、リピーター集客に効果的です。東京ディズニーランド開園時にマーケティンググループに所属していた渡邊喜一郎氏が執筆した『ディズニー　こころをつかむ9つの秘密』には、オリエンタルランドの広報対応の工夫が記載されており、「継続的にメディアに出続けること」を目標に掲げ、メディア露出度をコントロールしているということです。イベントというトリガーで大きくマスコミに取り上げられた時期の後は露出を控えるようにし、顧客を飽きさせない仕組みを作っていたということです。

驚異のリピーター集客のポイント②
満足度の向上と客単価の引き上げ

　オリエンタルランドの成長には、客単価の引き上げも貢献しています。図表5-13は、コロナ前の2019年3月期を基準とし、1人当たりの売上高をまとめたものです。これを見るとわかるように、客単価は2021年以降、上昇しています。

　客単価増加の要因は大きく2つに分けられます。「チケット／アトラクション・ショー収入」と「商品販売・飲食」です。

　「チケット／アトラクション・ショー収入」に関しては、2021年3月にチケットの変動価格制を導入したほか、ファストパス（アトラクションの入場待ち時間が短縮できる無料パス）に代わって、それを進化させた「ディズニー・プレミアアクセス」を有料サービスとして2022年5月

図表5-13 オリエンタルランドの1人当たり売上高推移

	2019年3月期	2020年3月期	2019比	2021年3月期	2019比	2022年3月期	2019比
1人当たりの売上高（円）	11,815	11,606	-1.8%	13,642	+15.5%	14,834	+25.6%
チケット収入／アトラクション・ショー収入	5,352	5,292	-1.1%	6,538	+22.2%	7,049	+31.7%
商品販売収入	4,122	3,877	-5.9%	4,122	+0.0%	4,548	+10.3%
飲食販売収入	2,341	2,437	+4.1%	2,982	+27.4%	3,237	+38.3%

出典：ファクトブック2023をもとに筆者作成

に導入し、客単価増に寄与しています。特に、一段と増加している海外からの来園者は「ディズニー・プレミアムアクセス」の使用率が高く、単価上昇の重要なポイントとなっています。

「商品販売・飲食」に関しては、コロナ期に発見がありました。感染予防のため入園者数を制限したことによって、パーク内の混雑が緩和され、アトラクションに並ぶ時間が減少し、飲食やお土産購入に充てる時間が増えた結果、客単価が増加するという現象が発生したのです。

TDRでは、「待ち時間」が戦略の1つであったと言えます。ゲストは搭乗を待ちながら、アトラクションへの期待を高めてもらっていたのです。つまり、待ち時間があることで、搭乗した際の幸福度が向上するという考え方です。

しかし、コロナをきっかけに、その考え方を見直しています。決算説明会の質疑応答でも「コロナを受けて、入園者数を一定に抑え、ゲストの満足度を上げて、パークの環境を良くしながら、一方で単価も上げていこうという考え方に徐々に変えている」という発言がありました。

オリエンタルランドは入園者数を増やすことよりも、テーマパーク内での満足度向上に重点を置く考え方にシフトしていると言えます。2024年に新設されたファンタジースプリングスでも、無料の優先入場券であるスタンバイパスやプレミアアクセスを導入し、入園者数のコントロールによる平準化に取り組んでいます。

こうした施策により満足度をさらに高めて、客単価を増やしていくというのが、TDRの新しい方針です。

客単価増加の要因として、高単価商品の導入が成功していることも挙げられます。例えば、ホテルの宿泊とパークチケット、そしてアトラクションの同時予約が可能な「バケーションパッケージ」と呼ばれる高単価商品が好調です。また、飲食の単価水準は2018年には2,300円ほどでしたが、2023年には3,000円まで上昇しています。クオリティを高めた比較的価格の高いメニューを導入したことが功を奏しています。

ファンタジースプリングスに新設されたホテルでも、1泊30万円超という部屋が用意されるなど（アーリーエントリーなど様々な特典付

図表5-14 TDRの入園者数とチケット代の推移

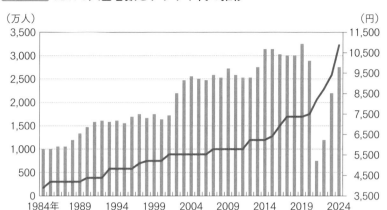

出典：日経バリューサーチとニュースリリースをもとに筆者作成

き）、高単価商品が導入されています。

　高単価商品が好調に推移している背景には、来園者の年齢層の上昇も関係していると言えそうです。東京ディズニーランドは2023年に開業40周年を迎えており、ゲストの年齢も上がっています。そういう変化の中で、若い世代に比べて「テーマパークで過ごす時間の質」を求める大人を満足させるサービスを充実させた結果として、客単価が増加しているわけです。

　来園者の年齢層別構成比を見ると、40歳以上の来園者の割合が年々増加しています（図表5-15）。年齢が高くなるほど平均的に所得が高いことを考慮すると、40代以上の来園者の割合が上がっていることは客単価を押し上げる要因になります。子供の頃から繰り返しTDRに来園してきた人たちは、自分の子供や孫と一緒に来園して、商品や飲食に多くのお金を使うという傾向があると思われます。

図表5-15 1人当たりの売上高と来園者の年代別割合

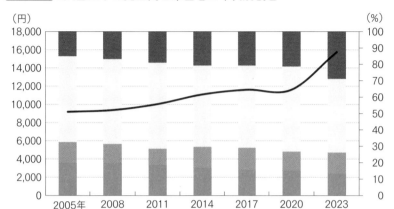

出典：2008-2023ファクトブックをもとに筆者作成

USJとの比較でわかるTDRの特徴②

　チケットの値上げについては、USJが先行して進め、TDRはそれを追いかける形で施策を打ってきました。

　USJでは、2006年からチケット代の値上げを続け、2019 年1月からはチケット価格の変動制を導入しています。また、「ユニバーサル・エクスプレスパス」という有料のパスを購入することによって、待ち時間なくライドに乗車できるようにしました。

　両パークとも、チケット代が値上がりしても入園者数は減少していません。よく比較対象として、映画チケットや他国のディズニーランドのチケット価格が引き合いに出されますが、約2時間で約2,000円の映画と比較すると、朝9時から夜21時まで12時間たっぷり遊べて約1万円のテーマパークは割安とも言えます。また、外国人観光客にとっては、昨今の円安の影響もあり、安く感じると考えられます。

図表5-16 TDRとUSJのチケット代推移

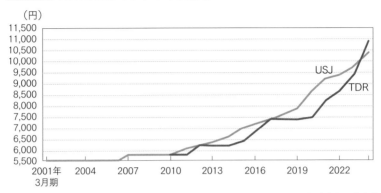

出典：ニュースリリースなどもとに筆者作成

　物販については、USJでは、期間限定のアトラクションに紐づく限定品（例えば鬼滅の刃グッズなど）や、アニメやゲームに出てくる食べ物、グッズの商品化などに力を入れています。

　その中でも面白い施策といえるのが、スーパー・ニンテンドー・ワールドで使用できるアトラクションと連動したグッズ「パワーアップバンド」の販売です。これにはデータが蓄積できて、再び来園したときには過去に集めたコインなどが反映された状態で楽しむことができます。そのため何度も来ようと思っているゲストは、高い確率で購入します。

　これに対してTDRの物販は、ディズニーキャラクター好きのための生活用品などを中心に開発されています。例えばミッキーマウス型に泡が出るハンドソープなどです。ファミリーで訪れ、子供が喜ぶグッズを買ってあげたい親心をくすぐるような商品です。ディズニーのキャラクターを最大限に活かした新製品を開発し、何度来園しても飽きない商品づくりに注力しています。

　また、TDRが他のテーマパークと異なる点として、宿泊需要に対応したホテルの運営は大きな強みと言えます。

人的資本の充実

　オリエンタルランドは米ディズニーのブランドの上に存立している会社ですが、オリエンタルランド独自の取り組みによって獲得してきた「東京ディズニーリゾート」としてのブランドが、リピート集客の支えになっていることも間違いありません。

　その中心にいるのが、TDRで働くキャストです。彼らこそがオリエンタルランドの顧客満足度や安心感の要です。言い換えれば、オリエンタルランドは人的資本への投資にも継続的に取り組んできたということです。

　決算説明会でも「我々としてもこのテーマパークを支えているのはキャスト一人ひとりであり、キャストに対する処遇の改善、施設の改善などで働きやすさを提供する、働きがいを提供することが大切である。そのため、一律に営業利益率をさらに高めればいいという判断は行わないという考え方である」と述べています。

　TDRのキャストは、顧客満足度や安心感を向上させている大きな功労者です。例えば東日本大震災発生時の対応は「神対応」と称されるほど評価されました。地震発生直後、来園者の頭を守るために売り物のぬいぐるみを無料配布したり、平常時はタブーとされる携帯ラジオをパークに持ち出し音量を上げてニュースを届けたりするなどイレギュラーな対応を行い、ゲストが安心して安全に過ごせるようにしました。これらは、キャストからの自発的な提案で行われました。また、普段は見せないバックヤードを通して来園者を安全な場所に誘導し、帰宅困難となったゲストが一夜を過ごせるように食事を手配しました。

　このような咄嗟の対応ができた理由は、周到な事前準備と「ゲストのことを第一に考える」という行動規準が浸透していたからと言えます。

　オリエンタルランドは1995年の阪神・淡路大震災をきっかけに、地震・津波の発生時の対応マニュアルを作成しました。この対応マニュアル作成の担当者は、実体験に基づいたマニュアルを作成するため、阪神・淡路大震災の被災地である神戸市を訪れ、避難所の運営方法などの

教訓を得ていました。その学びを活かし、園内の地盤の改良、照明や装飾品の落下防止のためセーフティワイヤーの取り付け、柱の補強など耐震化対策を実施しています。帰宅困難者が4日間過ごせる非常食・水・アルミブランケットなどの備蓄もしていました。

　そしてキャストに対して「心の準備」を促すため、「冬の午後6時、震度6強、来園者10万人」という過酷な設定で、年180回の防災訓練を実施しました。その結果、キャストは日々「もし大地震が来たら自分には何ができるか」を考えていたと言います。

　危機への対応はコロナ発生時も迅速でした。国内の感染者数が74人となった2020年2月18日には危機管理体制に入り、感染症レベルに応じたフローや各部署の役割を記載した対応マニュアルを整備しました。そして2月28日には休園の発表をしました。7月1日の営業再開後は、入園時間指定パスポートの導入、飲食メニューのQRコード化、グッズ販売の一部のオンライン化など、人の接触を抑制する取り組みを開始しています。

　このようなゲストの安心安全を最優先に考える企業風土や従業員の意識づくりは容易ではなく、日々の積み重ねの賜物であると言えます。

　TDRブランドを支えるスタッフの確保は、オリエンタルランドにとって経営上の最重要課題ともいえます。そのためコロナによる休業期間中にも、スタッフの雇用を維持するため、許容される最大限の負担をしていました。

　図表5-17は、2019年3月期から2023年3月期の売上高、売上原価、販売費および一般管理費、減価償却費の推移を示しています。コロナで売上高が大幅に減少した時期も、売上原価、販売費および一般管理費が売上高に比例して減少していません。お土産などの商品は複数の企業に委託し製造しており、すぐに在庫調整ができません。また、新しいアトラクションへの投資を継続的に実施しているため、減価償却費も継続的に発生します。

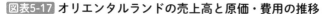

図表5-17 オリエンタルランドの売上高と原価・費用の推移

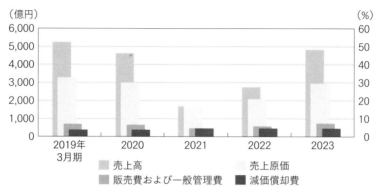

出典：日経バリューサーチをもとに筆者作成

　そして従業員の給与も、営業停止期間には重い負担となりました。2021年3月期では、単体従業員総数は2万1,719人で、社員が3,354人、テーマパークオペレーション社員が2,018人、嘱託社員が360人、出演者が672人、準社員（アルバイト）が1万5,315人働いていました。

　オリエンタルランドは、見通しの立たないパンデミックの中で臨時休園しても、他社への出向などの対応は取らず、テーマパーク運営の根幹である従業員を確保し、できる限り雇用継続を行う方針を取りました。ボーナスの削減や他の業務への配置転換なども実施しましたが、基本的には雇用を維持したのです。

　休業中は、雇用契約に則した基本給の60%に加え、10～20%程度を増額して支給する対応を取りました。準社員と呼ばれるアルバイトについても同様の水準の休業補償を行っています。アルバイトで給与が60%まで減額になった場合、生活はかなり厳しいと想像しますが、不可抗力（コロナによる営業停止要請）による休業では手当・補償の義務はなく、一部の企業では支払われていません。他国で米ディズニーが運営するテーマパークでは一時解雇や支払いの停止を従業員に対し通達していますが、オリエンタルランドはそのような対応ではなく、従業員を重要視したと言えます。

　オリエンタルランドは休業補償として約300億円以上の金額を支払っています。その負担が可能だったのも、前述のように財務体質が盤石だったおかげでしょう。

万全のレジリエンスのポイント
「夢の国」を守るリスクファイナンス

　前述の通り、オリエンタルランドは売上のほとんどをTDRと関連ホテルの事業に依存しており、その事業が立ち行かなくなった場合、収益への影響は致命的です。オリエンタルランドは財務的な安定を重視した経営を続けていますが、テーマパーク事業のリスクを見越し、利益蓄積によって自己資本を厚くするだけでなく、災害対策用のリスクファイナンスを実施しています。

　1999年には日本の事業会社として初めてCAT債（Catastrophe Bond）と呼ばれる地震債券を発行しています。CAT債は、天災などで被害を受けた際の補償契約を組み込んだ債券であり、地震の発生場所やマグニチュードなど一定条件を満たした場合、償還金や利子の一部や全部の支払いを免除されます。オリエンタルランドがCAT債を導入したきっかけは阪神・淡路大震災でした。

　それ以降も災害対策のリスクファイナンスを継続しており、近年は三段構えで財務基盤の強化に向けた取り組みを実施しています（図表5-18）。

図表5-18 財務基盤の強化に向けた取り組み

調達方法	資金使途
銀行等からの融資（コミットメントライン）	事業資金
地震リスク対応型コミットメント期間付タームローン	運転資金・設備投資資金
普通社債	設備投資資金

出典：オリエンタルランドアニュアルレポート 2020をもとに筆者作成

　コロナ発生時には、影響の長期化を見越し、運転資金確保のために銀行からの融資枠（コミットメントライン）の引き上げを締結しました

（図表5-19）。不測の事態が起こった際にも融資を受けることができるように準備をしたのです。

図表5-19 コミットメントライン

締結日	借入可能額	コミットメント開始日	返済期間
2020年5月15日	2,000億円	2020年6月30日	2年間

出典：ニュースリリースをもとに筆者作成

　2011年からは、地震への備えとして、地震リスク対応型コミットメント期間付タームローンも契約しています。

図表5-20 地震リスク対応型コミットメント期間付タームローン

締結日	借入可能額	コミットメント開始日	返済期間	特約など
2011年9月27日	500億円	2011年9月29日	60年間	新株予約権/劣後特約あり
2015年3月16日	1,000億円	2015年3月30日	60年間	新株予約権/劣後特約あり
2019年3月13日	1,500億円	2019年3月13日	60年間	新株予約権/劣後特約なし

出典：ニュースリリースをもとに筆者作成

　地震リスク対応型コミットメント期間付タームローンには2つの特徴があります。①地震発生時にも借入可能なコミットメントラインであること、②返済期間が60年間という超長期間であることです。

　①については、一般的なコミットメントラインは、地震発生時に銀行は貸付義務が免責される条項が入っており、資金が確保できない可能性があることから、この免責条項の一部を除外し、地震発生時にも資金が確保できるスキームを組成しています。

　②については、災害の有無に関わらず、返済期間が60年で、長期的かつ安定的な資金が確保できます（なお、オリエンタルランドの信用が悪化した場合には、銀行などの債権者は満期を待たず資金返済を請求できるようになっています）。

　また、新株予約権を発行し、災害時には新株予約権の行使を依頼することで、返済すべきローンが消滅する仕組みとなっています。この新株

予約権は銀行団に割り当てられ、新株予約権を行使できるタイミングとしては、「マグニチュード7.9以上の地震が発生した場合」などの条件が設定されています。

　つまり、災害時にも事業運営を継続することができるような仕組みづくりをしているのです。

　また、無担保社債発行によって、金利が割安な資金の調達も継続的に実施しています。社債の発行枠をあらかじめ登録しておき、発行に必要な一部手続きを簡略化できるようにして、緊急事態に備えています。コロナ発生後の2020年と2022年には、社債発行枠の登録を実施しています（図表5-21）。新エリア開業など大規模な設備投資を計画的に実行するための備えでした。

　そして発行枠を利用し、2020年9月に1,000億円、2021年9月に500億円の無担保社債を発行しています。

図表5-21 社債発行枠

登録日	発行可能額	期間
2020年8月24日	2,000億円	2020年9月1日 ～ 2022年8月31日
2022年8月24日	1,500億円	2022年9月1日 ～ 2024年8月31日

出典：ニュースリリースをもとに筆者作成

　この無担保社債の発行枠の登録は、株主に対して「新エリアなどへの大型投資が計画通り進む」と安心感を与える材料となり、主に個人投資家からの買いが集まりました。

　そして2024年6月には「ファンタジースプリングス」の開業となりました。コロナの影響による作業の遅れなどから開業時期を少し延期し、また投資額も膨らんだものの、ディズニーファンにとって新たな魅力となる新エリアが無事オープンしたのです。

　オリエンタルランドはリスクに備えたファイナンス施策を講じることにより、将来のための投資を持続し、顧客や投資家からの期待に応えてきました。同社が株式市場で高い評価を得ているのは、米ディズニーの

素晴らしいコンテンツを持っているからだけでなく、「夢の国」を守っていくために万全の備えをしているからでもあります。舞台裏でゲストと株主の期待を裏切らない企業運営に尽くしているのです。

参考文献

＜書籍・論文＞
- 高尾厚（2006）「地震リスクと経済的保証の可能性―オリエンタルランドの地震リスクマネジメントの変容過程―」神戸大学
- 室町幸雄（2007）「(年金運用)：オルタナティブ投資としての CAT ボンド市場」ニッセイ基礎研究所
- 渡邊喜一郎（2013）『ディズニー こころをつかむ9つの秘密』ダイヤモンド社
- 東京経済大学　柳瀬典由ゼミナール（2015）「企業のリスクマネジメントと経営者の在任期間―「経営者リスク」とエントレンチメントコストの観点からの検証―」公益財団法人損害保険事業総合研究所
- 馬場康夫（2015）『新装版「エンタメ」の夜明け　ディズニーランドが日本に来た日』講談社＋α文庫
- Yasser Hamed, John Kahwaty, Andy Lin, Evan Goldberg, Lawrence Chai（2015）, *Crowd Character Complexity on Big Hero 6*, ACM SIGGRAPH 2015 Talks
- Avneet Kaur, Maryann Simmons, Brian Whited（2018）, *Hierarchical Controls for Art-Directed Hair at Disney,* ACM SIGGRAPH 2018 Talks
- Amol Sathe, Lance Summers, Matt Jen-Yuan Chiang, James Newland（2020）, *The Look and Lighting of "Show Yourself" in "Frozen 2",* ACM SIGGRAPH 2020 Talks
- 高橋康二（2021）「JILPTリサーチアイ 第62回コロナ休業時の賃金補償と労働者のキャリア」独立行政法人労働政策研究・研修機構
- 藤原幸則（2021）「コロナ危機下における企業の財務調整―法人企業統計調査結果から考察した課題―」一般財団法人アジア太平洋研究所
- 伊藤晴祥（2022）「パンデミックリスクマネジメント：パンデミックボンド等の事例紹介」日本リアルオプション学会

＜有価証券報告書・決算短信・統合報告書・その他公開資料＞
- オリエンタルランド
- Walt Disney Animation Studios
- Disney Research Studio / Los Angeles

・Walt Disney Imagineering

＜ウェブ資料＞
・千葉県立中央図書館「大地震と県民の安全を考える」2009年3月
・マイナビニュース「『ジェットコースター』の建設費はいくら？何回乗れば元が取れる？」2012年6月5日
・日経ビジネス「9割の準社員、その満足度がカギ」2014年2月21日
・Forbes Christian Sylt「The Secrets Behind The Sparkle Of Disney's Parades」2018年5月26日
・日本企業地震保険協会「オリエンタルランドのリスクファイナンス」2020年4月22日
・日本経済新聞「OLC、一時3%高　社債発行検討、資金繰りに安心感」2020年8月25日
・NHK「オリエンタルランド 冬のボーナス 7割削減 当初計画比 コロナ」2020年9月14日
・厚生労働省「令和3年版　労働経済の分析　－新型コロナウイルス感染症が雇用・労働に及ぼした影響－」
・読売新聞「[東日本大震災10年　秘話]＜2＞帰宅困難7万人守った「夢の国」、けが人1人も出さず」2021年1月11日
・千葉日報「「神対応」反響呼んだディズニー担当者　“ランドからシーへ“1500人避難　10年前の決断語る【#あれから私は】」2021年3月8日
・AECOM「Theme Index Museum Index 2022」2022
・法務省法務総合研究所令和4年版 犯罪白書 第7編/第2章/3「新型コロナウイルス感染症緊急事態宣言期間等の推移」
・CASTEL「USJチケット値上げの推移を徹底解説！開園当初から約2倍の値段に！値上げの理由は？今後の予想も！」2024年3月29日

第 6 章

ダイキン

全方位グローバル展開で
「世界ナンバーワン」に

選択と集中

×

世界サプライチェーン構築

クロスボーダーM&Aを推進しダントツ成長

　「世界ナンバーワン」と称される日本企業といえばトヨタ自動車やユニクロなどを挙げる方が多いと思いますが、最近、注目度が高まっている企業としてダイキン工業を忘れることはできません。ダイキンは空調業界において世界シェア1位の企業へと飛躍しました。かつては目立たない「日本の普通の会社」でしたが、いつの間にか「世界の優良企業」へと成長していたのです。

　ダイキンの2024年3月期の売上高は4兆3,953億円に達し、20年前の約7倍です。株式時価総額は20年間で約10倍に上昇し、2024年5月15日時点では7兆円を超えています。これは日本企業の時価総額ランキングで27位に入り、昭和の時代から世界的優良企業として知られるキヤノンや村田製作所を上回っています。

図表6-1 **20年間の飛躍**

項目	2004年3月期		2024年3月期
売上高	6,251億円		4兆3,953億円
営業利益	469億円		3,921億円
時価総額	6,912億円		7兆2,604億円

出典：SPEEDAをもとに筆者作成、時価総額は2024年5月15日時点

　ダイキンが飛躍的に成長した理由は明確です。伸び悩む国内市場に頼らず、成長が期待できるグローバル市場を開拓してきたことです。そして海外市場への進出に当たっては、M&Aを積極的に行ってきました。現在の売上高構成比を見ると、日米欧中アジアで偏ることなく稼いでいることがわかります。世界市場をほぼ全方位でカバーする、まさしくグローバルな会社に変身したと言えるでしょう。

図表6-2 ダイキンの売上高と営業利益の推移

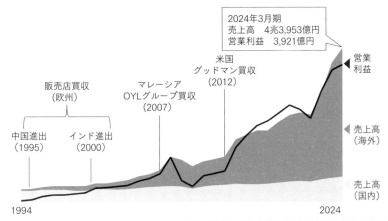

2024年3月期
売上高　4兆3,953億円
営業利益　3,921億円

営業
利益

米国
グッドマン買収
(2012)

マレーシア
OYLグループ買収
(2007)

販売店買収
(欧州)

売上高
(海外)

中国進出
(1995)

インド進出
(2000)

売上高
(国内)

1994　　　　　　　　　　　　　2024

出典：ダイキン統合報告書2023をもとに筆者作成

図表6-3 ダイキンの地域別売上高構成（2024年3月期）

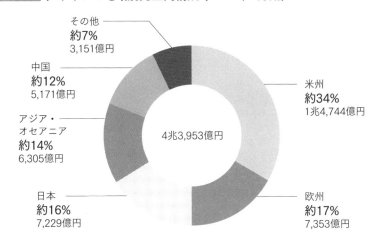

その他
約7%
3,151億円

中国
約12%
5,171億円

アジア・
オセアニア
約14%
6,305億円

米州
約34%
1兆4,744億円

4兆3,953億円

日本
約16%
7,229億円

欧州
約17%
7,353億円

出典：ダイキン工業2024年3月期決算短信をもとに筆者作成

　ダイキンはもともと技術力の高い会社で、国内の空調業界では大手の1社でした。しかし、「日本における技術力の高い会社」のままでは、市場開拓の余地はそれほど残っていませんでした。その成長の限界を突き

破り、グローバルに全方位展開したことによって、ダイキンの成長力と
収益力は著しく高まりました。

　同じ空調業界の企業と比較すると、ダイキンの高成長がわかります。
三菱電機やパナソニックホールディングス、富士通ゼネラルと比較して
みましょう。

　ダイキンの過去20年間における年平均成長率（CAGR）は10.2%に達
し、他の3社と比較して圧倒的に高水準にあります。三菱電機とパナソ
ニックは空調以外の事業が大きいので単純に比較できませんが、同じ空
調専業の富士通ゼネラルの3倍以上のCAGRを実現したことは、ダイキ
ンの成長力の高さを明確に示していると言えるでしょう。

図表6-4 **空調業界4社の過去20年間の年平均成長率（CAGR）**

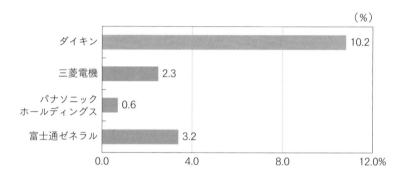

出典：SPEEDAをもとに筆者作成

図表6-5 **空調業界4社の過去20年間の売上高**

（億円）

	ダイキン	三菱電機	パナソニック ホールディングス	富士通 ゼネラル
2004年3月期	6,251	33,097	74,797	1,687
2024年3月期	43,953	52,579	84,964	3,165

出典：SPEEDAをもとに筆者作成

スケールメリットと最適化を実現

ダイキンの連結損益計算書を見てみましょう。

図表6-6 ダイキンの連結損益計算書（2024年3月期）

	金額（億円）	％
売上高	43,953	100.0
売上原価	28,856	65.7
当期製造費用に含まれる研究開発費	199	0.5
売上総利益	15,097	34.3
販管費および一般管理費	11,175	25.4
うち研究開発費	1,026	2.3
うち販売促進費・広告宣伝費	804	1.8
うち製品発送費	1,015	2.3
うち減価償却費	608	1.4
うちのれん償却費	456	1.0
営業利益	3,921	8.9
営業外収益	300	0.7
営業外費用	676	1.5
経常利益	3,545	8.1
特別利益	463	1.1
特別損失	155	0.4
税金等調整前当期純利益	3,853	8.8
法人税等	1,155	2.6
当期純利益	2,698	6.1

出典：ダイキン工業2024年3月期有価証券報告書をもとに筆者作成

　売上高総利益率は34.3%（富士通ゼネラル23.0%）と、20〜30%程度が製造業の一般的な中では高い水準を確保しています。これは、付加価値の高い新製品による売価の向上、コスト削減、高い提案営業力、アフターサービスなどの総合力の結果と言えそうです。

　売上高営業利益率は8.9%で、富士通ゼネラル（1.8%）の約5倍です。

　次に費用について詳しく見てみましょう。

　研究開発費は2.8%（富士通ゼネラル4.8%）と、一般的な製造業の4〜

5％よりやや低めです。ただ、売上高規模が大きいため、売上高比率で見ると高くないものの、金額としては約1,225億円（富士通ゼネラル153億円）と富士通ゼネラルの約8倍を投入していることがわかります。図表6-7に示したように研究開発費は年々上昇しています。

　世界各地域において市場のニーズを捉えるためには研究開発の充実が欠かせませんが、ダイキンはグローバルな成長を実現することによって研究開発費の負担（売上高に対する比率）を抑えられているのです。自動車や医療品などの業界では、開発競争に勝つための費用が巨額化し、その負担を賄うには売上規模の大きさが必要になっていますが、同じことが空調業界でも起きていて、ダイキンはその状況への対応に成功していると言えそうです（後述）。

図表6-7 **ダイキンの研究開発費と売上高に対する比率**

出典：SPEEDAをもとに筆者作成

　製品発送費は2.3％に抑えられています（富士通ゼネラルの運送費及び保管費4.3％）。グローバルに展開しているダイキンですが、最寄化生産の体制を構築し、最適な製品輸送管理ができている結果と言えそうです（後述）。

　ダイキンの売上総利益率や営業利益率、当期純利益率はいずれも、他

の3社を上回っています（図表6-8）。

図表6-8 空調業界4社の概況（2024年3月期）

項目	ダイキン	三菱電機	パナソニックホールディングス	富士通ゼネラル
売上高（億円）	43,953	52,579	84,964	3,165
売上総利益（億円）	15,097	15,458	24,944	726
売上総利益率（%）	34.3	29.4	29.4	23.0
営業利益（億円）	3,921	3,285	3,610	57
営業利益率（%）	8.9	6.2	4.2	1.8
親会社株主に帰属する当期純利益（億円）	2,603	2,849	4,440	31
親会社株主に帰属する当期純利益率（%）	5.9	5.4	5.2	1.0
資産（億円）	48,802	61,673	94,112	2,756
負債（億円）	21,929	23,009	46,893	1,291
純資産（億円）	26,873	38,664	47,219	1,466
株主資本比率（%）	54.1	60.6	48.3	50.3
ROE（%）	10.7	8.2	10.9	2.3
PBR（倍、2024年5月15日時点）	2.8	1.6	0.7	1.6

出典：SPEEDAをもとに筆者作成

ROE（自己資本利益率）は、2024年3月期で10.7%と、日本の大企業としては平均的な水準です。パナソニックホールディングスのほうがROEは高くなっていますが、その理由は財務レバレッジなどにあります。

図表6-9 空調業界4社のROE（2024年3月期）

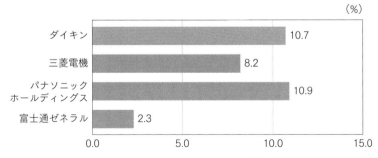

出典：SPEEDAをもとに筆者作成

　デュポンシステムを用いて、ROEを3つの比率に分解してみると、ダイキンの売上高当期純利益率は他の企業より高い5.9%です。一方、ダイキンの総資産回転率は0.96回、財務レバレッジは1.9倍と、比較企業とほぼ同水準か低めであることがわかります。つまり利益率の高さによってROEを引き上げ、同時に財務レバレッジを低く抑えて財務面の安全性も実現しているのです。

図表6-10 **空調業界4社のROEのデュポンシステム分解（2024年3月期）**

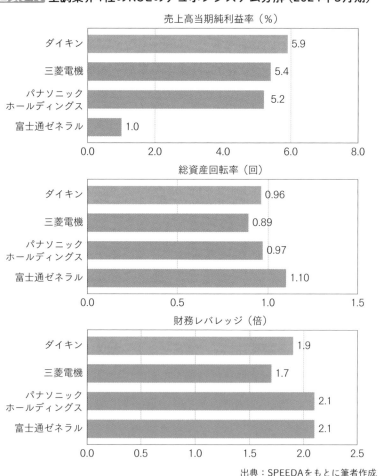

出典：SPEEDAをもとに筆者作成

　こうしてみるとダイキンは、グローバル展開によって成長力と収益力の高さを実現すると同時に、財務的な安定性も維持していると見ることができます。投資家からの評価が高まり、時価総額が上昇したこともうなずけます。ダイキンのPBRは2.8倍となっており、他社と比較して高いことがわかります。

図表6-11 空調業界4社のPBR（2024年5月15日時点）

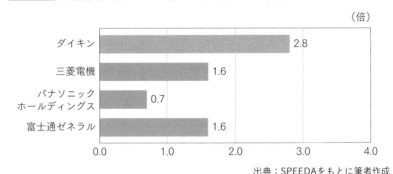

出典：SPEEDAをもとに筆者作成

M&Aの結果として「のれん」は多額

　ダイキンの財務体質について、もう少し詳しく見てみましょう。

図表6-12 ダイキンの連結貸借対照表（2024年3月期）

	金額（億円）	%		金額（億円）	%
流動資産	27,266	55.9	流動負債	15,670	32.1
うち現金及び預金	7,380	15.1	うち支払手形及び買掛金	3,260	6.7
うち受取手形・売掛金等	8,153	16.7	うち借入金・社債等	5,272	10.8
うち棚卸資産	10,477	21.5	固定負債	6,259	12.8
固定資産	21,536	44.1	うち借入金・社債等	4,410	9.0
有形固定資産	11,350	23.3	負債合計	21,929	44.9
無形固定資産	6,837	14.0	純資産	26,873	55.1
投資その他の資産	3,349	6.9	うち利益剰余金	18,962	38.9
資産合計	48,802	100.0	負債・純資産合計	48,802	100.0

出典：ダイキン工業2024年3月期有価証券報告書をもとに筆者作成

　連結貸借対照表（図表6-12）を見ると、現金及び預金が資産全体の15.1％（富士通ゼネラル7.2％）となっているのに対して、借入金・社債は短期・長期を合計すると全体の19.8％（富士通ゼネラル5.2％）で、実質的に借り入れをしている状況です。それでも純資産は55.1％（富士通ゼネラル53.2％）と、財務的な安全性は高い水準にあります。

　また、資産の内訳を見ると、流動資産が55.9％（富士通ゼネラル67.6％）と半分を超えています。有形固定資産は23.3％（富士通ゼネラル17.2％）と製造業としてはやや低めです。これは流動資産の割合が高いことにより、有形資産の比重が薄まっているためと考えられます。

　無形固定資産は14.0％（富士通ゼネラル10.1％）と他社より高めですが、その約半分はのれん（6.3％）です。これはM&Aを通して成長してきた結果です（富士通ゼネラル2.7％）。

図表6-13 **ダイキンの運転資本の回転期間（2024年3月期）**

（日）

売上債権回転期間	68
棚卸資産回転期間	87
仕入債務回転期間	27

※売上債権回転期間は、受取手形、売掛金及び契約資産の合計値を使用して計算。棚卸資産回転期間と仕入債務回転期間の分母は、1日当たりの売上高を使用して計算

出典：ダイキン工業2024年3月期決算短信をもとに筆者作成

　運転資本を見てみると、売上債権16.7％、棚卸資産21.5％、仕入債務6.7％となっており、それぞれの回転期間は68日、87日、27日となっています（富士通ゼネラルは115日、64日、53日）。

　棚卸資産については、新型コロナウイルス感染拡大、半導体不足、地政学リスクなどによるサプライチェーンの混乱があり、意図的に部品や製品在庫を確保したことにより高くなっています。

　一方で、売上債権と仕入債務の回転期間は富士通ゼネラルより短くなっています。世界の各地域において、開発・設計、生産、調達、サービスの最適化を推進してきたことなどが影響していると考えられそうで

す（後述）。

では、ダイキンが世界の空調事業のリーディングカンパニーとしての
ポジションを確立し、持続的な成長を続けているのは、なぜでしょう
か。それは、ダイキンが成長の限界を突破する戦略を的確に実行してき
たことにあると言えるのではないでしょうか。その具体的なポイントは
5つあります。選択と集中、M&A、サプライチェーンの構築、技術の
オープン化、ROIC経営です。

選択と集中のポイント①
「世界ナンバーワン」を目指しコア事業に集中

ダイキンのセグメント別売上高構成比を確認すると、「空調・冷凍機
事業」が約92％を占めています。

図表6-14 ダイキンのセグメント別売上高構成比（2024年3月期）

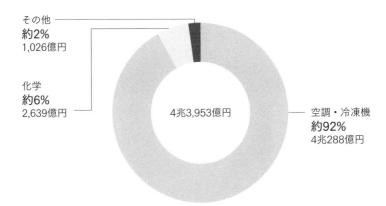

その他
約2％
1,026億円

化学
約6％
2,639億円

4兆3,953億円

空調・冷凍機
約92％
4兆288億円

出典：ダイキン工業2024年3月期決算短信をもとに筆者作成

かつてのダイキンの姿はこれとは少し違っていました。空調の比率は
高かったものの、そのほかの事業にも手を広げていたのです。しかし
1994年3月期に経常赤字に陥ったことをきっかけに、軌道修正します。
そのときの赤字の原因は、当時の売上高の約70％を占めていた空調

事業の不振と言われていますが、その立て直しを図るだけでなく、本業と関係が薄く赤字続きだったロボット、真空ポンプ、電子機器、医療機器などから撤退しました。

　これは、ダイキンの中興の祖と呼ばれる井上礼之氏が、1994年6月の社長着任後に決断したことです。選択と集中を推進し、空調をコア事業として強化することにしたのです。そして掲げた目標は「世界ナンバーワン」になることでした。

　一方でダイキンは、コア事業である空調事業のカバー範囲を広げました。空調事業は、一般的に大きく3つの分野に分けられます。1つ目は一般の住宅で使用される住宅用エアコン。2つ目は事務所などで使用される業務用エアコン。3つ目は大型施設などに設置されるセントラル空調です。

　当時のダイキンが得意としていたのは業務用エアコンの分野でした。社内には、業務用に集中すべきとの声もあったようですが、井上氏は海外市場の動向を精査し、住宅用やビル用空調が今後の成長分野であると

図表6-15 空調事業の製品別売上高構成比（2023年3月期）

セントラル用
＆その他
約38%
1兆3,637億円

3兆6,298億円

住宅用
約47%
1兆7,254億円

業務用
約15%
5,407億円

※セントラル用（アプライド用）は、工場や空港といった大空間に使用する製品。その他には、日本のアプライド、サービス、空気清浄機ほか／米州のダクトレス、住宅用、業務用、フィルタ事業、中南米／中国の小型ルームエアコン、アプライド／欧州の暖房、冷凍・冷蔵、アプライドを含む。住宅用は、米州の住宅用ユニタリー、中国の住宅用マルチを含む

出典：ダイキン統合報告書2023をもとに筆者作成

判断しました。また、空調の世界トップ企業を目指すには、3つの分野の技術の融合が不可欠と考え、当時赤字続きであった住宅用とセントラル用を切り離すのではなく、コア事業と位置づけたのです。

　つまり、ダイキンは全社レベルでは空調分野に集中し、その事業の規模の拡大を目指したのです。そしてその空調事業に資金を集中的に投下しました。

「選択と集中」の類似事例：日立製作所

　近年、選択と集中を実施し、企業価値を高めている企業として、日立製作所が挙げられます。日立製作所は2009年3月期に7,873億円という巨額の赤字を計上しました。その際、日立が取った戦略は、デジタル事業などを成長のための戦略的なビジネスと位置づけて強化することでした。

　ノンコア事業と位置づけられた分野では、有力なグループ企業ですら株式の売却を進めました。日立建機や日立金属、日立化成などです。

　一方、成長事業と位置づけた分野では、投資を積極的に進めました。その代表例が、米国のGlobal Logicの買収です。

　そうした選択と集中を実行し、赤字から15年後の2024年3月期、日立製作所の営業利益は、過去最高を更新し、時価総額は13兆円に達しています（2024年5月15日時点）。

　ダイキンと日立製作所の共通点は、赤字を転換点として、全社レベルの成長分野を定義し直し、成長分野への選択と集中を実施し、M&Aを通じて成長を加速させたことです。

　昭和の時代に成長した日本企業は、高度経済成長期から石油ショック後の低成長期にかけて事業の多角化を進めました。しかし、その多くは花開かず、バブル崩壊後に限界が露呈したとも言えます。そうした状況がはっきりした時点で、事業の選択と集中を進める意思決定をしたことが、両社の企業価値を高めたと言えるでしょう。

各国の状況に合わせてM&Aを推進

　空調事業は世界的には市場開拓の余地が大きく広がっている市場でした。経済発展とともに住宅用やオフィス用のエアコンの需要は高まり、また業務用の市場も期待できたのです。そのうえ、地球温暖化の進行という事態も、空調事業に追い風になったと思われます。

　ただし、潜在的な需要や追い風があったとしても、その好環境を活かして実際に成長していくためには先行投資などの対応が必要です。ダイキンは積極的に手を打ちました。

　まずは欧州において、フランス、ドイツ、オーストリア、スペイン、イタリア、英国など各国の販売代理店を買収し、100％子会社化しました。これにより主導権を持って販売を強化していく体制を構築したのです。

　中国においても、主導権が握れる100％出資子会社による販売会社の設立を試みたのですが、中国の規制がそれを許しませんでした。そこで1995年11月、ダイキン60％、上海協昌40％出資の合弁で、上海大金協昌空調有限公司を設立しました。そして経済発展が加速していた中国において、最新鋭の業務用エアコンで攻勢をかけ、一気にトップシェアを獲得したのです。

　海外市場の強化では、販売面の強化だけでなく、製造拠点の展開も進めました。ただし、すべてを自前で賄おうとすると、人材の育成や確保に時間がかかります。海外市場の成長に手遅れにならないように対応するため、ダイキンは現地企業に対するM&Aを積極的に活用しました。

　アジアでは2007年、マレーシアに本社を置き、空調・冷凍機事業を展開するOYL インダストリーズ バハッドを買収しました（買収額約2,438億円）。同社は、ダイキンがカバーしていない、現地需要に対応した製品を持っていました。1つは、日本のような高品質で高価格なルームエアコンではなく、低価格のルームエアコンの事業。もう1つは、アプライドと呼ばれる大型空調の事業です。

　このようにダイキンは、クロスボーダーM&Aを通して、不足してい

た部分を補いながら、海外での成長を実現したのです。

　ダイキンのクロスボーダーM&Aにおいて非常に大きな決断だったのが、2012年のグッドマンの買収です（買収額約2,960億円）。北米の住宅用空調分野でトップのグッドマンを買収したことで、北米での基盤を確立したのです。その後のダイキンの飛躍は、図表6-2を見ても明らかです。

　このような様々な買収を通じて、各国で空調事業の企業を傘下に入れ、2024年3月時点では、連結子会社が349社（国内31社、海外318社）となっています。もともと強かった業務用だけでなく、家庭用やセントラルの分野も含めて空調製品をそろえ、全世界でその地域のニーズに応える製品を迅速に供給するサプライチェーンを構築してきました。

「クロスボーダー M&A」の類似事例：ブリヂストン

　ダイキン同様に、クロスボーダーM&Aを実施し、世界市場において確固たる地位を確立した日本企業の例として、ブリヂストンが挙げられます。ブリヂストンは1988年に北米市場で第2位であったファイアストンを約3,300億円で買収しました。その買収額は、当時の日本企業によるM&Aでは最大規模でした。2008年にはタイヤ事業で世界シェア1位になりました。

　ダイキンとブリヂストンの共通点は、各業界の基盤となる市場地域において、その市場の上位シェア企業を買収したことです。ダイキンも世界最大の空調市場であった米国市場において、北米住宅用空調分野のトップシェアであるグッドマンを獲得したことで、グローバルな空調市場のリーディングカンパニーへと成長発展していったのです。

世界サプライチェーン構築のポイント①
ローカライズと共通モジュール

　ダイキンはどこか1つの国や地域に集中するのではなく、ほぼ世界の

全域でバランスよく売上を上げています。それはダイキンの強さを象徴する1つのポイントです。空調事業は、世界の国や地域によって、気候や規制、製品のニーズが異なるので、日本で売れている製品をそのまま海外に投入しても売れません。その地域のニーズを満たすようにローカライズした製品を用意する必要があります。

　そこでダイキンは、世界5極（米州、欧州、中国、アジア・オセアニア、日本）で、各地域のニーズに合わせた製品を開発し、販売地域の近郊で生産しているのです。現在ダイキンは、世界110カ所以上に生産拠点を構え、研究・開発、調達、生産、販売・メンテナンスの一連の業務を展開しています。その一連の業務の流れは図表6-16のようになります。

図表6-16 積み上げてきたダイキンの強いサプライチェーン

出典：ダイキン統合報告書2023をもとに筆者作成

　研究・開発では、主要な生産拠点の近くに研究・開発施設を設け、その地域のニーズに合わせた製品を開発しています。この活動をダイキンは、「四位一体（生産・販売・研究・調達）での商品開発」と呼んでいます。

　また、5極における研究・開発の内容の重複を避けるとともに、地域によって異なる多様なニーズに対応するため、世界共通の基本モジュールと各地域で開発する機能モジュールに分けて、研究・開発を行っています。基本モジュールとは、熱交換器やモーター、ファンなどの基幹部品です。機能モジュールとは、加湿や除湿、外観などの機能であり、各

拠点の開発者が地域のニーズに合わせて開発を行っています。

　例えば欧州ではデザイン性が重視されるため、欧州の担当者らが機能モジュールの外観を検討することで、地域ニーズへの対応と開発スピードの向上を図っています。また、欧州ではカーボンニュートラルの需要の高まりを受けたヒートポンプ暖房・給湯事業を推進し、北米では環境意識の高まりを捉えた環境プレミアム商品の開発・販売に取り組んでいます。

　調達に関しては、グローバルな集中購買を実施するのではなく、各地域主体の調達体制を構築しています。

　生産面では、市場に近いところに拠点を置き、基幹製品に関しては自社で開発・生産する垂直統合生産を実現しています。

　販売・メンテナンスにおいては、強固なディーラーネットワークの構築に力を入れています。

　このようにダイキンは、開発から販売・メンテナンスに至るサプライチェーンを一気通貫で強化することによって、顧客のニーズを早期に発見し、タイムリーな対応を可能にしています。それが他社との差別化につながり、競争優位性を高めているのです。

　ダイキンのサプライチェーンの構築例として、インドでの取り組みを見ていきましょう。インドは2023年に人口が世界最多となりました。また、2030年までに世界第3位の経済大国となると予測されており、多くのグローバル企業にとって今後注力する必要がある地域の一つと言えます。空調においても、インドは中国に次ぐ巨大市場になると見込まれています。

　ダイキンは、インドにおける事業の拡大を目指し、積極的に投資を実施してきました。2000年代にインド市場に進出し、2026年3月期のインドにおける売上高目標は1,750億円まで成長してきました。

　まず2000年にニューデリーに販売会社を設立し、インド市場の成長スピードが速いと実感すると、2004年には100%子会社化してダイキンエアコンディショニングインド社を誕生させました。そして、市場の成長よりダイキンの成長が上回るような体制を構築すべく、2009年に

は、インド北部のニムラナに業務用空調の生産拠点を設立しています。さらに2023年には南部のスリシティに新工場を新設しています。

　ダイキンは海外の生産拠点をM&Aで確保することが多かったのですが、インドでは自社で生産拠点を設立しています。これは、当時サムスン電子やLG電子などの韓国勢やインド財閥系企業が高いシェアを維持していて、M&Aの候補となるような現地企業が存在しなかったからでしょう。

　そこで、複数の空調メーカーのインド法人でマネジメントの経験があり、インドの空調業界において経験豊富な現地人材を社長として迎え入れ、インドに適したサプライチェーンが構築できる体制を整えていったのです。インドは大学卒の技術者が毎年150万人も誕生するなどの好条件が揃っていたことから、自社でサプライチェーンを構築・育成していくことにメリットがあると判断したのではないかと思われます。

図表6-17 インド市場おけるサプライチェーンの構築

研究・開発	調達	生産	販売	メンテナンス
■ ニムラナ工場内にR&Dセンター設立(2016) ■ バイデラバードにIT R&Dセンター設立(2020) ■ 低温市場への参入(2026)	■ 2026年3月期までの目標 ・ 部品の現地調達率の向上 ・ 複数購買先の確保を促進	■ ニムラナに生産拠点を設立(2009) ■ ニムラナ第二工場設立(2017) ■ スリシティ新工場設立(2023)	■ 2026年3月期までの目標 ・ 地方都市で販売店開発を促進 ・ デジタルを活用した販売店・サービス店の支援 ・ 機器＋ソリューションの提案強化 ・ システム全体での提案強化 ・ メンテナンス数の拡大 ・ 保守提案による収益力の強化	

出典：ダイキン統合報告書2023をもとに筆者作成

　現在、ダイキンのインドにおける状況は、研究・開発と生産体制を構築しつつある段階です。今後は、調達や販売後のメンテナンス体制の強化を図るべく、販売網の拡大やディーラーとの関係構築に力を注いでいくことになるでしょう。そして、研究・開発、調達、生産、販売・メンテナンスの一連の業務の体制を構築することで、成長著しいインド市場において、他社との差別化を図る新たなビジネスモデルを構築しようと

しているのです。

「世界サプライチェーン構築」の類似事例：トヨタ自動車

　日本の製造業において、グローバルなサプライチェーンを構築し、業績を拡大している企業の代表として、トヨタ自動車が挙げられます。トヨタは自動車生産台数で世界一の座にありますが、この背景にはグローバルなサプライチェーンの体制構築があります。

　自動車事業も、国や地域によって気候や交通事情、生活習慣などが異なるため、商品や販売方法を現地の事情に合わせていくことが欠かせません。販売後のメンテナンス体制を整備することも不可欠です。

　トヨタは、海外26の国や地域に製造拠点を展開しているほか、様々な地域や拠点において、ディーラーとの関係を構築し、研究・開発、調達、生産、販売・メンテナンスの一連の業務の体制を構築しているのです。

　ダイキンとトヨタの共通点は、国や地域において異なるニーズに対応できる体制を構築していることです。それは製造業としてグローバルな競争優位性を高めるための基本と言えるでしょう。

世界サプライチェーン構築のポイント②
スタンダード化を目指して技術をオープンに

　ダイキンは統合報告書2023の中で、「技術開発力はメーカーの生命線である」と明記しています。M&Aによる規模の拡大を積極的に実行し、売上高を成長させているイメージが強いダイキンですが、技術開発力の強化やイノベーションの創出などに取り組む姿勢も、同社の持続的成長を支えていると言えそうです。

　2015年には、技術開発のコア拠点として、「テクノロジー・イノベーションセンター」を設立しました。2017年には大阪大学と10年間の情報科学分野を中心とした包括連携契約を結び、2018年には東京大学と産学協創協定を締結しています。

　ダイキンの研究開発費は、図表6-7が示す通り年々増加しています。

　ダイキンは創業以来、約100年という長い年月をかけて、空調のコア技術の向上を図るとともに、世の中が求める新たなニーズに適応させる研究開発を継続、実施することで、日本初、世界初といった製品を世の中に送り出してきました。

　例えば1999年、世界初となる無給水の加湿技術を搭載したルームエアコン「うるるとさらら」を発売しています。これは、外気中から水分を取り込む加湿方式を搭載し、給水が不要で手入れがいらない製品で、大ヒット商品となりました。

図表6-18 **ダイキンの日本初、世界初の開発・発売事例**

1935年	日本初	冷媒用フロンの開発
1951年	日本初	パッケージ型エアコン発売
1982年	日本初	ビル用マルチエアコン発売
1999年	世界初	無給水加湿ルームエアコン「うるるとさらら」発売
2012年	世界初	新冷媒R32採用の住宅用エアコンの発売

出典：ダイキンホームページをもとに筆者作成

　しかしダイキンは、グローバル競争の主戦場が先進国から新興国に移り、韓国や中国のメーカーが台頭する中では、技術力の優位性だけで事業に勝つことができないと感じていました。例えば、2000年当時、日本ではインバータなどの省エネ技術が普及していましたが、世界的には非インバータ機が圧倒的なシェアを占めていました。

　そこでダイキンは、ルームエアコンの生産量が世界一の中国でインバータ機が普及すれば、世界の市場もそれに倣うと考えたのです。ダイキンは2008年、中国のルームエアコンのトップシェアである珠海格力電器と提携し、インバータなどの技術を開示する決断をしました。その結果、中国市場でのインバータ比率は約7％から約60％に上昇し、市場が一気に変化したのです。ダイキンはインバータの技術をオープン化することで、自社に有利な市場となるよう事業環境を変化させたのです。

　最近では、環境配慮への高まりもあり、従来の冷媒より地球温暖化係

数が3分の1以下である冷媒R32の普及促進のため、R32空調機の製造に関する特許のうち、のべ93件を無償開放するなど、冷媒技術のオープン化にも取り組んでいます。

「世界高シェア」の類似事例：村田製作所

　ダイキン同様に技術力を強化し、グローバル市場において高シェアの製品を持ち、成長を続けている企業として、電子部品メーカーの村田製作所が挙げられます。村田製作所は、売上高に対する研究開発費の比率が毎年6〜7％に達しています。

　村田製作所が優れているのは、常に10年先、20年先の社会を見据えた技術開発を行っていることです。世の中のニーズが多様化し、そのニーズに対応するためには、様々な知見や斬新的なアイデアが必要となると考え、自前主義の技術だけでなく、スタートアップ企業などとの協業も含めてイノベーションを促進しています。

　2022年度には「KUMIHIMO Tech Camp with Murata」を開催し、スタートアップ企業や大学からアイデアを募り、新たなビジネスモデルの創出に取り組んでいます。

　ダイキンと村田製作所の共通点は、中長期的な視点にたち、将来のあるべき姿から逆算して必要な技術開発を進めるとともに、様々な部門や団体と技術のイノベーションを実現するために、協創を意識していることです。

ROICを重視し東証の企業価値向上表彰で大賞に

　ダイキンは企業価値の向上を意識した経営でも評価されており、東京証券取引所が主催する企業価値向上表彰において大賞を受賞したこともあります（2018年度）。約3,600社の中からダイキンが大賞に選ばれた評価ポイントは、図表6-19の3点です。

図表6-19 企業価値向上表彰　大賞での評価ポイント

1	企業価値向上の実現に向け、経営目標・指標等が、資本コストを意識したものであり、長期にわたり首尾一貫している
2	企業価値向上の実現に向け、経営管理の仕組が、資本コストを意識したものとなっている
3	資本コストを意識した経営目標・指標及び経営管理の仕組について、その社内浸透に力を注いでいる

出典：東京証券取引所のホームページをもとに筆者作成

　ダイキンは、企業価値向上のために欠かせない資本コストの意識を社内に浸透させるために、ROICを重視しています。ROICという指標は、資本コストを意識した経営を行う上で欠かせないだけでなく、従業員一人ひとりの活動と結びつけられる点でも役立つとされています。

　図表6-20はROICを他の指標に分解したもので「ROICツリー」と呼ばれます。こうして具体策と結びつけることによって、ROICに対する

図表6-20 ROICツリー

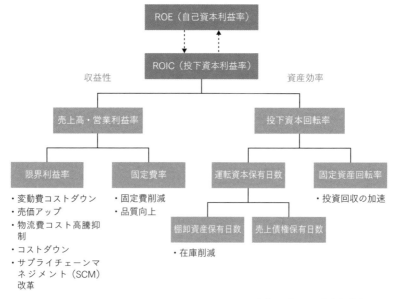

出典：ダイキン統合報告書2023

理解が深まり、従業員一人ひとりが資本コストを意識しながら日々の業務の効率化に取り組むことができるのです。

　ダイキンはROICについて、役員会やオフィシャルな場で説明を実施しています。決算の役員会資料などについては管理職に説明し、その後、管理職から従業員への説明なども実施しているのです。また、様々な教育や説明資料の配布などを通して、社内で浸透する仕組みを継続的に実施しているようです。

「ROIC経営」の類似事例：オムロン

　ダイキンと同じようにROIC経営に取り組んでいる企業としてオムロンが挙げられます。オムロンは2014年3月期から、ROICによって資本コストを意識した業務改善を促しています。各事業部の資本コストを明確にし、個々の事業部の成長だけでは足りない部分があれば他の事業部と連携するなど、利益率の向上に向けた検討を意識させています。

　また、ROICツリーの下側からのボトムアップによって、ROIC向上を目指す組織になるよう、社内浸透を図っている点などが評価されています。

「戦略の思考」から「戦略の実行」へ

　ダイキンの高成長の出発点となったのは、空調事業における世界ナンバーワン企業になるとの目標を掲げたことではないでしょうか。その目標を掲げた後、全社戦略を策定し、選択と集中で事業を絞り、事業拡大の一つの手段としてM&Aを実施し、各地域におけるサプライチェーンを構築していったのです。

　ダイキンが国内の人口減少と市場の成熟化を見越して、成長市場である海外に打って出たことは必然的であったと考えます。そして現在も、グローバルでの成長を持続するため、成長が著しいインドを重点市場と

位置づけ、サプライチェーンの構築を目指しています。

　ダイキンは創業以来、技術力の強化に力を注ぎ、革新的な商品や技術を世に送り出してきました。財務戦略では、資本コストを意識したROICを財務目標と掲げることで、全社員の行動を具体化し、企業価値の向上に努めています。その一連の戦略的活動の成果として、ダイキンは過去20年において飛躍的な企業価値向上を果たしました。

　そうした一連の戦略の流れを理解するのに役立つのが図表6-21です。

図表6-21　「戦略の思考」から「戦略の実行」までの一連の流れ

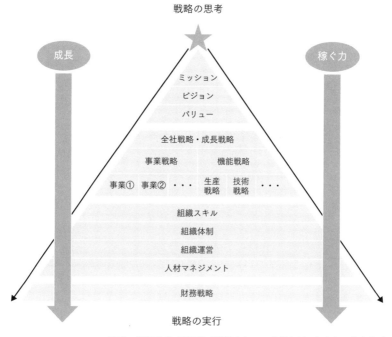

出典：佐藤克宏 (2023)『戦略としての企業価値』をもとに筆者作成

　この図は、企業の活動を包括的に示したもので、ミッションに始まり、下に向かうほど、より具体化した業務の内容になっています。ダイキンの場合は、世界ナンバーワン企業になるとの目標を掲げ、その戦略

を実行してきたのです。ダイキンの飛躍的成長という事例は、「将来の
あるべき姿」を描き、それに基づいた戦略を策定し、実行していくこと
の重要性を示していると言えるでしょう。

参考文献

<書籍・論文>

- Michael Porter（1985）*Competitive advantage :creating and sustaining superior performance*, Free Press（土岐坤訳（1985）『新訂 競争優位の戦略 いかに高業績を持続させるか』ダイヤモンド社）
- 石野雄一（2005）『道具としてのファイナンス』日本実業出版社
- 西山茂（2006）『企業分析シナリオ第2版』東洋経済新報社
- 石野雄一（2007）『ざっくり分かるファイナンス　経営センスを磨くための財務』光文社
- 井上礼之（2011）『人の力を信じて世界へ　私の履歴書』日本経済新聞出版
- 山田剛（2012）『知識ゼロからのインド経済入門』幻冬舎
- 井上礼之（2013）『世界で勝てるヒト、モノづくり「実行に次ぐ実行」が会社を鍛える』日経BP
- 細谷功（2014）『具体と抽象　世界が変わって見える知性のしくみ』dZERO
- リチャード・ブリーリー、スチュワート・マイヤーズ、フランクリン・アレン、藤井眞理子、国枝繁樹訳（2014）『コーポレートファイナンス　第10版 上』日経BP
- 平野敦士カール（2015）『カール教授のビジネス集中講義　経営戦略』朝日新聞出版
- 西山茂（2018）『ビジネススクールで教えている会計思考77の常識』日経BP
- 西山茂（2019）『「専門家」以外の人のための決算書＆ファイナンスの教科書』東洋経済新報社
- 羽田康祐（2020）『問題解決力を高める「推論」の技術』フォレスト出版
- ジェイB.バーニー、ウィリアムS.ヘスタリー、岡田正大訳（2021）『[新版] 企業戦略論【上、中、下】』ダイヤモンド社
- 朝倉祐介（2022）『ゼロからわかるファイナンス思考』講談社
- 大津広一（2022）『企業価値向上のための経営指標大全』ダイヤモンド社
- 佐藤克宏（2023）『戦略としての企業価値』ダイヤモンド社

<有価証券報告書・決算短信・統合報告書・その他公開資料>
- ダイキン工業

- 日立製作所
- ブリヂストン
- トヨタ自動車
- 村田製作所
- オムロン
- パナソニックホールディングス
- 三菱電機
- 富士通ゼネラル

<ウェブ資料>
- 日本取引所グループ「企業価値向上経営について」
- 経済産業省「持続的成長への競争力とインセンティブ 〜企業と投資家の望ましい関係構築〜」プロジェクト（伊藤レポート）最終報告書（平成26年8月）
- 日本経済新聞「日本株 日本企業時価総額上位ランキング」

あとがき

　最後までお読みいただき、ありがとうございました。お読みいただいた中に、少しでも皆様の参考になるようなヒントが含まれていたようであれば、執筆者一同大変嬉しく思います。

　本書では、PBRの高さを切り口として、好調な業績を確保し、企業価値を高めている企業を6社選択し、財務的な分析をした上で、PBRが高い理由について検討しまとめてみました。

　ここで、改めて各社の状況を振り返ってみます。

　第1章で取り上げた味の素については、無形資産投資と事業のポートフォリオ変革をPBRの高さの理由として挙げました。無形資産投資については、調味料の味の素から昨今の好業績を支える半導体材料のABFまで、アミノ酸を起点とした研究開発を重視するとともに、その基盤となる組織・人財・技術・顧客といった無形資産を重視する方針を採用していました。また、事業のポートフォリオ変革については、ヘルスケア、フード＆ウェルネス、ICT、グリーンの4つの成長領域を設定し、必要に応じてM&Aも活用した非連続成長を目指すとともに、ROICを活用して各事業の強化も行っていました。さらに、そのベースとして、高度にバランスの取れた財務状況を確保し、適切なコーポレートガバナンス体制も築いていました。

　第2章で取り上げたユニ・チャームについては、コア製品の高付加価値化と横展開をPBRの高さの理由として挙げました。コア製品の高付加価値化については、ノンコア事業の売却によって不織布・吸収体の事業に絞り込み、一般的にコモディティと考えられる事業分野において、保有する技術を差別性の高いものに特化し、それを応用することで高付加価値化を達成していました。また、横展開については、コア技術である不織布・吸収体の事業をいろいろな製品に応用して価値を生み出していく本業多角化と、各地域に合った製品・強い営業・巧みなマーケティングによって収益拡大という視点から世界展開を図る専業国際化が大き

なポイントになっていました。またその基盤として盤石な財務的な安全性を確保し、また安定した株主還元を行っていることも特徴的でした。

　第3章で取り上げた神戸物産については、独自のポジショニングとスケーリングをPBRの高さの理由として挙げました。独自のポジショニングについては、M&Aを活用しながら自社製造拠点を拡充することによって、製造小売り業態であるSPAモデルを構築し、さらに独自の直輸入品を加えることでPB商品を重視していること、またプロ向けのネーミングとブランディング戦略を採用していることが特徴的でした。また、スケーリングについては、フランチャイズシステムの活用や、独特の商品陳列による店舗運営の効率化がユニークな点でした。

　第4章で取り上げた寿スピリッツについては、ゲームチェンジと人的資本経営をPBRの高さの理由として挙げました。ゲームチェンジについては、競争の激しいお菓子の市場で、プレミアム・ギフト・スイーツの分野に絞り込み、出店を主要駅など売れる場所に限定し、地域限定でプレミアム感を出し、いくつものブランドで全国展開を行い、製造小売り業態で付加価値を高め、試食重視で広告宣伝費を押さえるなど、よく練られた工夫のある方針や仕組みを採用していました。また、人的資本経営については、アメーバ経営をベースにした全員参加の超現場主義によって、社員全員が当事者意識を持ち、意見やアイデアを発案し実行していくWSR成功サイクルという仕組みが特徴的でした。

　第5章で取り上げたオリエンタルランドは、リピーター戦略と危機に備えたレジリエンス体制をPBRの高さの理由として挙げました。リピーター戦略については、ゲストに継続した感動体験を提供するための新アトラクションなどへの継続的な投資、宿泊を含めたパッケージ化や人的資本の充実を基盤とした顧客体験の質の向上をもとに、顧客満足度の向上を通した客単価の引き上げなどが行われていました。さらに、絞り込まれた事業を特定の地域で展開するといったリスクのある状況を、無担保社債をはじめとするリスクに備えた資金調達体制で支えるレジリエンスな体制も特徴の1つでした。

　第6章で取り上げたダイキンは、選択と集中と世界的なサプライ

チェーン構築をPBRの高さの理由として挙げました。選択と集中については、1990年代半ばに、空調事業をコア事業として位置づけ世界ナンバーワンになる、という方針を設定し、一部の事業の売却と、空調事業における世界規模でのM&Aを実行していました。世界的なサプライチェーン構築については、地域に合わせるローカライズと共通モジュール化のバランス、またスタンダード化を目指した技術のオープン化を行いながら、世界的視点での地域に合わせた最適なサプライチェーンを構築していました。さらに、その基盤としてROIC活用による企業価値向上を意識した経営も特徴的でした。

　改めて6社についてPBRの高さの理由を検討した結果を見てみると、いろいろな視点が含まれています。ただ、大きな視点で見ていくと、各企業が、それぞれの事業分野の環境変化に合わせて、持続的に競争優位を維持し勝ち続けるためのキーポイントとなるビジネス上の工夫・仕組み・運営体制を構築していること、また各社ごとに設定した軸をベースにしたストーリーのある事業のポートフォリオ展開を行っていることが共通点のように思います。またグローバルに展開する企業を中心に、それを支えるしっかりとした経営管理体制を構築している点も共通点として挙げられそうです。

　PBRはROEとPERの掛け算に分解できることからもわかるように、業界に応じた、高い水準の収益力、効率的な事業体制、適切なレベルの財務安定性を確保しながら、市場や競合と比較しても遜色ない成長性を確保していることが、評価される企業のベースだと思います。またこれらのポイントは、企業価値を持続的に高めていくことにもつながると思います。また、業種や企業の戦い方の違いによって、どの部分により比重を置くのか、またそれを達成するためのビジネスモデル、仕組みや組織の体制をどうするのかは異なってくると思います。各企業が、それぞれ独自に上記のような点を良い形で構築し、磨き上げ、環境変化に合わせて変更しながら強さを持続していくことが重要だと思います。

　本書は、私のゼミの2023年3月の修了生6人に私を加えた7人で、2022年の冬に会食をした時の話が出発点となりました。当時、6人は

修士論文の作成がほぼ終了する段階となっており、大学院で学んだ成果をもとに、何か社会に還元できることがないか、といろいろと話をする中で、ゼミのテーマである会計・財務とも関連付けながら、いろいろな企業の参考になる強い企業の秘訣をまとめたような本を作成したい、という方向で話がまとまりました。そして6人の忙しい仕事の合間の時間を使った執筆の結果、刊行に至りました。

　対象企業の選択にあたっては、PBRが高く好業績を確保している企業は数多くあり、いろいろな議論がありましたが、メンバーの興味、関心などをもとに、最終的に6社になりました。各企業の分析や執筆内容には、財務や会計をベースに環境分析なども含めた企業の分析や今後のあるべき方向性について、ゼミの中で数多くの企業を題材に議論してきた成果が含まれているように思います。読者の皆様の少しでもご参考になるようであれば、編著者としてとても嬉しく思います。

　また、本書の作成にあたっては、執筆者の6人以外に、ゼミの修了生である下記の皆様に、いろいろなサポートやアドバイスを数多く頂きました。ここに名前を挙げさせていただき、お礼に代えさせて頂きます。

　上道尚人さん、小林覚さん、菅谷貴志さん、西田大竜さん、山崎慎一さん、ありがとうございました。

　また、本書の作成にあたっては、テーマ、内容、タイトルをはじめあらゆる面から日経BPの長崎隆司さんに多大なサポートを頂きました。執筆者を代表して、心より感謝いたします。

　最後になりますが、多くの日本企業が、PBRの本質、ひいては企業価値の本質を理解した上で、各企業の独自性を打ち出しながら、PBRを高め、企業価値を持続的に拡大していくことを期待しております。本書が、そのための参考になるようであれば、望外の喜びです。

2024年6月

　　　早稲田大学　大学院経営管理研究科（ビジネススクール）　教授
　　　　　　　　　西山茂

［編著者］

西山 茂（にしやま・しげる）　　【序章】

早稲田大学ビジネススクール教授

早稲田大学政治経済学部卒。ペンシルバニア大学ウォートンスクールMBA修了。監査法人トーマツ、（株）西山アソシエイツにて会計監査・企業買収支援・株式公開支援・企業研修などの業務を担当したのち、2002年から早稲田大学。2006年から現職。学術博士（早稲田大学）。公認会計士。主な著書に、『ビジネススクールで教えている会計思考77の常識』（日経BP）、『企業分析シナリオ第2版』『入門ビジネス・ファイナンス』『「専門家」以外の人のための決算書＆ファイナンスの教科書』（以上、東洋経済新報社）、『戦略管理会計改訂2版』（ダイヤモンド社）、『増補改訂版英文会計の基礎知識』（ジャパンタイムズ）などがある。

［執筆者］

伊尾喜 美希（いおき・みき）　　【第1章】

早稲田大学ビジネススクール（MBA）修了。ＨＲガバナンス・リーダーズ株式会社勤務

石地 由賀（いしち・ゆか）　　【第2章】

早稲田大学ビジネススクール（MBA）修了。大手金融サービス事業会社勤務

室田 昌宏（むろた・まさひろ）　　【第3章】

早稲田大学ビジネススクール（MBA）修了。大手総合コンサルティングファーム勤務

笠岡 温史（かさおか・あつし）　　【第4章】

早稲田大学ビジネススクール（MBA）修了。都市銀行勤務

前 綾香（まえ・あやか）　　【第5章】

早稲田大学ビジネススクール（MBA）修了。大手金融機関勤務

福岡 勝滋（ふくおか・かつしげ）　【第6章】

早稲田大学ビジネススクール（MBA）修了。大手SIer企業勤務

本書の内容はすべて執筆者個人の考察であり、所属する組織・企業の意見ではありません。

ビジネススクール企業分析
ゼロからわかる
価値創造の戦略と財務

2024年7月29日　第1版第1刷発行

編著者	西山茂
発行者	中川ヒロミ
発　行	株式会社日経BP
発　売	株式会社日経BPマーケティング
	〒105-8308　東京都港区虎ノ門4-3-12
	https://bookplus.nikkei.com/
装　丁	沢田幸平（happeace）
制作・図版作成	朝日メディアインターナショナル株式会社
編　集	長崎隆司
印刷・製本	中央精版印刷株式会社